Audiovisuelle Medien im Geographieunterricht

Schriftenreihe AV-Pädagogik

Herausgegeben vom Institut für Film und Bild
in Wissenschaft und Unterricht

Redaktion: Gernot Krankenhagen

Reihe C   Fachdidaktik

Audiovisuelle Medien im Geographieunterricht

Herausgegeben von
Hartwig Haubrich und Günther Ketzer
unter Mitarbeit von Herrad Meese

Mit Beiträgen von
Ambros Brucker, Michael Geiger, Hartwig Haubrich,
Günther Ketzer, Jürgen Nebel, Heinz Nolzen
und Karl-Heinz Wendel

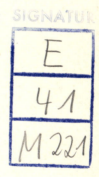

Ernst Klett Verlag Stuttgart

CIP-Kurzeltitelaufnahme der Deutschen Bibliothek

Audiovisuelle Medien im Geographieunterricht /
hrsg. von Hartwig Haubrich u. Günther Ketzer unter Mitarb. von
Herrad Meese. Mit Beitr. von Ambros Brucker . . . – 1. Aufl. – Stuttgart : Klett,
1978.
    (Schriftenreihe AV-Pädagogik : Reihe C, Fachdidaktik)
    ISBN 3-12-920301-X
NE: Haubrich, Hartwig [Hrsg.]; Brucker, Ambros [Mitarb.]

Inhalt

Einführung

Audiovisuelle Medien haben in den letzten Jahren in der pädagogischen Diskussion eine zunehmend größere Rolle gespielt. Immer mehr Geräte kommen auf den Markt, immer mehr Filme, Dias, Transparente, Tonbänder und andere AV-Medien werden angeboten. Dagegen sind Veröffentlichungen über den didaktisch sinnvollen Einsatz solcher audiovisuellen Medien ausgesprochen selten. Das heißt aber, daß die Kluft zwischen Angebot und angemessener Verwendung der AV-Medien dauernd größer wird.

In dieser Situation soll die Schriftenreihe AV-Pädagogik mithelfen, die Kluft zu verkleinern. Sie wendet sich an Lehrer aller Schularten, an Lehrer in der zweiten Phase der Ausbildung sowie an Studierende des Lehrfachs. Darüber hinaus möchte sie auch Fachdidaktikern und Fachwissenschaftlern Hinweise und Anregungen geben. Unsere Intention ist es, nicht nur eine Bestandsaufnahme traditionellen Medieneinsatzes zu liefern, sondern wenigstens in gewissem Umfang Innovationen anzuregen. In drei Reihen soll der Gesamtkomplex „Audiovisuelle Medien im Unterricht" behandelt werden:

– Die Reihe A beschäftigt sich mit den Voraussetzungen für den Einsatz von audiovisuellen Medien, mit dem theoretischen Hintergrund, den der Lehrer haben sollte, bevor er audiovisuelle Medien im Unterricht verwendet. Dazu gehört auch ein Band zu wichtigen Begriffen und Institutionen im AV-Medienbereich.

– In der Reihe B sollen die technischen Bedingungen für den didaktisch sinnvollen Einsatz eines bestimmten AV-Mediums im Unterricht dargestellt werden. Hier geht es also um allgemeine Aussagen zu den einzelnen AV-Medien in bezug auf ihre unterrichtliche Verwendung.

– Die fachdidaktische Reihe C schließlich will dem einzelnen Lehrer für sein Fach anhand praktischer Beispiele zeigen, was er mit audiovisuellen Medien machen kann. Innerhalb der Reihe C ist auch der vorliegende Band konzipiert.

Nach gemeinsamer Diskussion haben sich die Autoren dieses Bandes auf folgende Grundkonzeption zur Erstellung einer Mediendidaktik für den Geographieunterricht geeinigt:

1. Eine systematische Abhandlung soll den Einfluß der geographiedidaktischen Strömungen auf die Medienproduktion darstellen und den Stellenwert der audiovisuellen Medien in der gegenwärtigen geographie- und mediendidaktischen Diskussion aufzeigen.

2. Diejenigen Medien sollen abgehandelt werden, die einerseits den häufigsten Einsatz erfahren, andererseits Innovationen im Geographieunterricht dar-

stellen und zentrale und exemplarische mediendidaktische Aussagen erlauben.

3. Die Medien sollen
   – für eine bestimmte Schulstufe schwerpunktartig abgehandelt werden,
   – nach ihrer Verträglichkeit mit verschiedenen Aktions- und Sozialformen des Unterrichts befragt werden,
   – ein wichtiges Teilgebiet der Geographie repräsentieren
   – und nach schülereigenen Produktionsmöglichkeiten untersucht werden.

In welcher Weise die einzelnen Abhandlungen diese Kategorien berücksichtigt haben, zeigt die Matrix auf Seite 9.

4. Die Abhandlung der einzelnen Medien soll

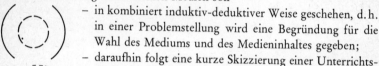 – in kombiniert induktiv-deduktiver Weise geschehen, d. h. in einer Problemstellung wird eine Begründung für die Wahl des Mediums und des Medieninhaltes gegeben;

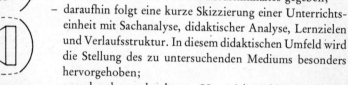 – daraufhin folgt eine kurze Skizzierung einer Unterrichtseinheit mit Sachanalyse, didaktischer Analyse, Lernzielen und Verlaufsstruktur. In diesem didaktischen Umfeld wird die Stellung des zu untersuchenden Mediums besonders hervorgehoben;

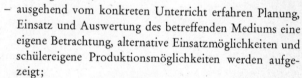 – ausgehend vom konkreten Unterricht erfahren Planung, Einsatz und Auswertung des betreffenden Mediums eine eigene Betrachtung, alternative Einsatzmöglichkeiten und schülereigene Produktionsmöglichkeiten werden aufgezeigt;

– schließlich endet der Aufsatz mit einer systematischen Zusammenschau der Verwendungsmöglichkeiten des jeweiligen Mediums.

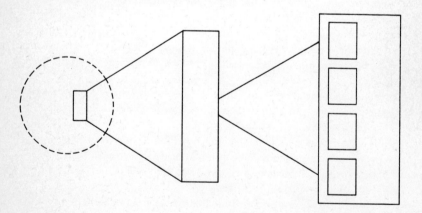

Medium	Schulstufen				Organisationsformen							Teilgebiete der Geographie					Eigene Medienherstellung
	Primarstufe	Orientierungsstufe	Sek.stufe I	Sek.stufe II	darbietende Lehrform	entwickelnde Lehrform	Partnerarbeit	Gruppenarbeit	Planspiel	Projekt	Lernsicherung	ländlicher Raum	städtischer Raum	Erholungsraum	Umwelt	Raumplanung	
1. Satellitenbild (Ambros Brucker)			×	(X)		×	(X)	(X)			×		×			(X)	
2. Luftbild (Michael Geiger)		×			×	×				×	×	×	×				
3. Transparent (K.-H. Wendel)		×			XX	×		×			×	×		×		×	×
4. Schulfunk (Hartwig Haubrich)		×	×		×	×	×	×	×	×	×	×	×		×	×	×
5. 8-mm-Arbeitsstreifen (Heinz Nolzen)	×				×	×		×		×	×				×	×	
6. 16-mm-Film (Günther Ketzer)		×	(X)		×		(X)	(X)			(X)	×			(X)	(X)	
7. Medienkombination (Jürgen Nebel)			×	(X)	×	×		×		×	×	×	×			×	×

Der Stellenwert der Medien in der geographie-didaktischen Diskussion

1 Problemstellung

Dieser Aufsatz stellt sich die Aufgabe
- mit Hilfe einiger ausgewählter Zitate den Wandel geographischer und geographie-didaktischer Ziele seit dem 19. Jahrhundert exemplarisch darzustellen,
- die aus dem Wandel der Ziele zu erklärenden Folgen für die Medienkonstruktion aufzuzeigen,
- die aktuelle medientheoretische Diskussion im Rahmen einer Unterrichtstheorie zu referieren und
- eine Matrix zur Medienpraxis vorzuschlagen.

2 Begriffserklärung

Es würde zu weit führen, an dieser Stelle eine Auseinandersetzung über die babylonische Sprachverwirrung bei der Bezeichnung des Gegenstandes dieses Aufsatzes zu führen – siehe Lehr- und Lernmittel (z.B. bei ADELMANN), Bildungsmittel (z.B. SCHMIDT), Arbeitsmittel (z.B. BIRKENHAUER), didaktische Medien (WITTERN – er zählt z.B. auch Rollen- und Planspiele zu den Medien). Stattdessen beschreiben wir unsere Position mit der von A. BRUCKER (s. S. 11) entwickelten Systematik und Terminologie der Medien.

Schema: Die Medien als Vermittler zwischen der Wirklichkeit und dem Empfänger

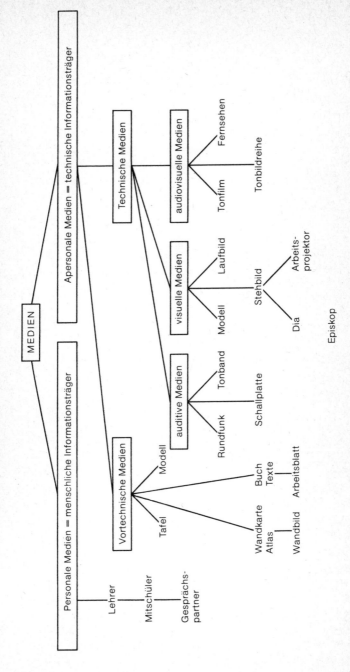

MEDIEN

Personale Medien = menschliche Informationsträger

Apersonale Medien = technische Informationsträger

Vortechnische Medien

Technische Medien

Lehrer
Mitschüler
Gesprächspartner

Wandkarte
Atlas
Wandbild

Buch
Texte
Arbeitsblatt

Tafel
Modell

auditive Medien

visuelle Medien

audiovisuelle Medien

Rundfunk
Schallplatte
Tonband

Modell
Stehbild
Laufbild

Dia
Arbeitsprojektor
Episkop

Tonfilm
Tonbildreihe
Fernsehen

(Nach A. *Brucker* – in: *Haubrich* u. a.; Braunschweig 1977)

11

3 Zur geographie- und mediendidaktischen Entwicklung seit dem 19. Jahrhundert

Nicht nur Comenius, Pestalozzi und Maria Montessori forderten den Gebrauch aller Sinne in der Schule, sondern noch viele andere Pädagogen. Diese reflektierten – vom Schüler ausgehend – über den Lernprozeß.
Geographen und Geographie-Didaktiker traten jedoch lange Zeit von den fachlichen Inhalten und Zielen ausgehend an das Phänomen Lernen bzw. Bildung heran. Der Geographie stellte sich im 19. Jahrhundert noch die Aufgabe, die unbekannten weißen Flecken auf der Erde zu erforschen und zu beschreiben, und weit bis ins 20. Jahrhundert hinein das Wissen über die Länder der Erde zu ordnen und im Unterricht zu tradieren. Noch 1933 konnte Lautensach mit voller Überzeugung artikulieren:

Die Geographen sind sich jedoch heute größtenteils darüber einig, daß die Länderkunde das Kerngebiet der Geographie darstellt . . . Sie ist die Wissenschaft vom individuellen Charakter der einzelnen Land- und Meeresräume, deren Gesamtheit die Erdhülle bildet. (LAUTENSACH 1933, S. 23 ff.)

In der Geographiedidaktik hieß es damals und noch später analog: ,,Länderkunde ist die Krone der Geographie." Dabei hatte HARMS 1895 schon zu bedenken gegeben:

1. Der Geographieunterricht ist zu vielseitig im Stoff. Er muß sich zur vaterländischen Erdkunde abrunden. 2. Der Geographieunterricht ist zu einseitig in der Methode . . . Er muß das Bild gleichberechtigt neben die Karte treten lassen und der auf Karte und Bild gegründeten Schilderung mehr Raum gewähren." (H. HARMS. In: EGGERS, W. 1963, S. 30 ff.)

Als ideologisches Selektionsprinzip postulierte HARMS die vaterländische Erdkunde und zur Optimierung des Lernprozesses schlägt er neben den damals gebräuchlichen Medien wie Wort und Karte den gleichberechtigten Einsatz des Bildes vor.
Während die Medien – vorwiegend Lehrbücher – Ende des 19. Jahrhunderts nur die Möglichkeit der schriftlichen Verbalisierung und Visualisierung durch Zeichnungen und Karten besaßen, kam zu Beginn des 20. Jahrhunderts immer stärker die Fotografie und das Dia auf, deren Gestaltung von der länderkundlichen Betrachtungsweise bestimmt war. Die Bildreihen versuchten, die Fülle der Landschaftsfaktoren geordnet nach dem länderkundlichen Schema zu erfassen. So lauteten die Diareihen damals – und zum Teil auch heute noch in den Medienkatalogen – z.B. Libanon; Kocher-, Jagst- und Tauberland usw. Eine thematische Einengung oder eine Problemorientierung fehlte noch weitgehend. Solange die Länderkunde noch als ,,Krone der Erdkunde" angesehen

wurde, war es auch wegen der Breite und Heterogenität des Stoffes fast unmöglich, einen guten länderkundlichen Film zu machen. Um Bewegung und Dynamik im Film zu schaffen, wurde die länderkundliche Fülle der Informationen in eine Reiseschilderung verpackt. Diese Methode wirkte stets gekünstelt und brachte keine zufriedenstellenden Ergebnisse. Mit den damaligen fachlichen Zielen konnte die Diskrepanz zwischen länderkundlichem Anliegen und den medialen Möglichkeiten nicht überwunden werden.

Ein besonders krasses Beispiel ideologischer Implikationen und medialer Folgen ist das geographie-didaktische Gedankengut von F. SCHNASS. Er schreibt z. B.:

Um die Jugend in nationalsozialistischem, d.h. organischem Sehen und Denken zu schulen, soll sich die der Erdkunde facheigene Zusammenschau auswirken:
a) im körperertüchtigenden Erwandern der Heimatlandschaft, das das verschiedenartigen Zusammensein in einer Einheit erleben läßt;
b) durch lebenseinheitliches Stoffordnen, das die Fächertrennung gesamtunterrichtlich überwindet oder in verschiedenen Lehrgebieten Behandeltes weitgehend einheitlich aufeinander abstimmt;
c) durch ganzheitlich, bildhaft gestaltendes Schildern der Landschaften und Städte, Länder und Staaten als Raum-Volk-Einheiten. (F. SCHNASS 1935, S. 714 f.)

Nationalsozialistisches Sehen und Denken, körperertüchtigendes Wandern, originale Begegnung mit der Heimatlandschaft und Schildern der Länder und Staaten als Raum-Volk-Einheiten, wobei der nationalsozialitischen Bewertung des Volkes besondere Bedeutung zukam, – also insgesamt die nationalsozialistische Ideologie, stellten die Prinzipien dar, die sowohl SCHNASS's didaktische Überlegungen als auch die daraus folgenden Medienkonstruktion im Dritten Reich prägten (z.B. Schulbuchtexte, „Wochenschau", etc.). Die nationalsozialistischen Medien wurden nach dem Zweiten Weltkrieg sofort aus der Schule entfernt. Man versuchte nun, objektive Darstellungen zu schaffen. Aber erst in jüngster Zeit verbreitete sich die Einsicht, daß eine mediale Wiedergabe immer – gewollt oder ungewollt – perspektivisch ist. Daraus wird die Forderung nach multiperspektivischer Darstellung abgeleitet und eine ideologie-kritische Betrachtung der Schule gefordert. Das Problem, sich nach einem multiperspektivischen Diskurs auch in einer pluralistischen Gesellschaft für einen Wert entscheiden zu müssen, um nicht im Nonkonformismus steckenzubleiben, scheint noch nicht gelöst.

Nach dem Zweiten Weltkrieg wendete sich die Geographie-Didaktik zunächst stärker didaktisch-methodischen Fragen zu. WOCKE kann hierfür einen Beleg bieten:

These 5: Anschauung statt Buch- und Vokabelwissen. Ein bildender Erdkundeunterricht nimmt seinen didaktischen und methodischen Ansatz in der Heimatkunde, der ersten Bildungsstufe. In unmittelbarer Anschauung werden die Beziehungen zwischen Mensch und Raum am überschaubaren Beispiel betrachtet. Bei der Begegnung mit Dingen, die zu unserem Leben hören, und mit Menschen, die für uns etwas tun, wird die Bedeutung der vier Quellen – Bild, Sachtext, Karte, Zahl – in ihrem Ursprung unmittelbar erfahren. Hier werden die Grundformen des tätigen Umgangs mit dem erdkundlichen Gegenstand gelernt und geübt: Die Kinder beobachten, beschreiben und benennen; sie malen, zeichnen und formen, sie fertigen Lageskizzen und kleine Pläne; es wird gesammelt, gezählt und gemessen.

These 6: Vier gleichberechtigte Quellen statt Hegemonie der Karte. Die Karte ist nicht das A und O des Erdkundeunterrichts . . . Jede Karte bedarf der inhaltlichen Ergänzung durch weitere Aussagemittel: Das Bild (Film), das Wort (Bericht, Schilderung, Sachtext), die Zahl (Statistik) stehen in ihrer Dokumentation im Unterricht vollkommen gleichberechtigt neben der Karte. Das heißt: Das Bild dient nicht zur unterhaltsamen Illustration, der Sachtext nicht der nachträglichen „Verdeutlichung", die Zahl nicht als entbehrlicher Zusatz.

Die Schüler müssen lernen, aus Bild, Bericht, Zahlen und Karte wichtige Tatsachen eines Raumes herauszulesen und die Aussagen der einen Darstellungsform in eine andere umzusetzen; z.B. Bild in Schilderung, Karte in Profil, Zahl in graphische Darstellung, Sachtext in Bild usw. Jede dieser vier Quellen liefert andere Aussagen, die sich gegenseitig ergänzen und fördern. (M. F. WOCKE, 1965, S. 286 ff.)

Die geographie-didaktische Medienkunde der sechziger Jahre ist in diesem Zitat brennpunktartig verdichtet wiedergegeben. Sie dokumentiert die Vielfalt des Medieneinsatzes – obwohl Schulfunk, Schulfernsehen, 8-mm-Film und Transparente noch nicht angesprochen werden – und die heute noch immer angemessene Funktionszuweisung einzelner Medien.

Das allmähliche Abrücken von der Länderkunde über das dynamische und exemplarische Prinzip bis hin zur lernzielorientierten Geographie brachte den Medienherstellern endlich die Chance, geographische Inhalte medienadäquat zu erfassen. A. STENZEL weist 1960 auf die neue Entwicklung hin, indem er z. B. die Titel der damaligen Schulfunksendungen sichtet, einige davon nennt und deren Akzentuierung interpretiert. Die Titel lauteten z. B.: Bauern auf der Baar, Bauern hinterm Deich, Binnenschiffahrt im Ruhrgebiet, Tulpen aus Holland, Bodenreform in Süditalien, Obst aus Kalifornien usw. STENZEL sagt dazu:

Es fällt auf, daß die Sendungen jeweils klar umgrenzte, gut überschaubare landschaftliche Einheiten darbieten und daß sie – dies ist das Entscheidende – diese Landschaften nicht vollständig behandeln, sondern einzelne Wesenszüge herausgreifen und Einzelbilder geben. (A. STENZEL 1960, S. 66 ff.)

In seinem Aufsatz zeigt Stenzel u.a., wie in einer Schulfunksendung über die ukrainische Steppe „Wesenszüge der Landschaft" als „Spiegel des Ganzen" vorgestellt werden. Die individuelle Landschaft (ukrainische Steppe) wird zum Typus (Steppe), sie zeigt exemplarisch, was auch anderen Steppen eigen ist und führt hin bis zur fundamentalen Einsicht des Eingebettetseins des Menschen in seinen geographischen Lebensraum. Die Schulfunksendung schreitet vom Individuellen über den Typus, das Exemplarische, bis hin zum Fundamentalen.

14

Mit der Diskussion über das Exemplarische war auch bei der Neuproduktion von Filmen, Bildreihen und Texten meistens eine thematisch-exemplarische Akzentuierung verbunden.

POLLEX zeigte 1969 mit zwei Schulbuchtexten – einem länderkundlichen Beispiel über Polen und einem allgemeingeographischen Beispiel über Talsperren – die Vorzüge einer thematischen Geographie. Er kommentiert das allgemeingeographische Beispiel folgendermaßen:

Die Vielfalt heterogener Einzelfaktoren erscheint hier nicht hoffnungslos, sondern gemeistert, u.a. auch dadurch, daß der Stoff als raumverändernder Prozeß und nicht als statischer Gegenstand aufgefaßt wird. Die Verknüpfungsweise verschiebt sich von der Addition der Elemente zur Integration. (POLLEX, W. 1969, S. 627 ff.)

Diese Entwicklung war eine gesunde fachliche Basis zur motivierenden und medienadäquaten Konstruktion von Texten, Bildreihen und Filmen. Die Produktion, insbesondere von Schulfunksendungen, Schulfernsehsendungen und Schülerbüchern wurde dann auch klar von diesem Weg bestimmt. Trotzdem ging es bei aller Wertschätzung der exemplarischen und thematischen Geographie vorläufig nur fast ausschließlich um die Erhellung der Fachstrukturen. Die Relevanz für Leben, für Praxis und für Gesellschaft wurde erst mit dem Einsetzen der Lernzieldiskussion hinterfragt. E. ERNST schrieb 1970 über „Unsere Aufgabe am Beginn der siebziger Jahre" und postulierte dabei folgende Lernziele:

1. Fähigkeit und Bereitschaft zur rationalen Orientierung in der verwissenschaftlichten Welt; 2. Fähigkeit und Bereitschaft zur rationalen Auseinandersetzung mit der gegenwärtigen und zukünftigen Welt; 3. Fähigkeit und Bereitschaft zur kritischen Mitarbeit und Gestaltung in der demokratischen Gesellschaft. (ERNST, E. 1970, S. 186 ff.)

Die Leitidee lautete: *Emanzipation* bzw. *Mitbestimmung* oder *Befreiung von Zwängen*. Der betont gesellschaftskritische Akzent, der sich damals in der Medienherstellung niederschlug, wird zur Zeit wieder etwas zurückgedrängt. Statt *Mitbestimmung* fordert man mehr *Mitverantwortung*, statt Veränderung und Entwicklung erstrebt man mehr die Erhaltung des Status quo. Wie das Pendel zwischen Befreiung und Erhaltung von Zwängen schlägt, ist deutlich in der inhaltlichen Akzentuierung der Medien abzulesen.

Die geographie-didaktische Entwicklung und die daraus abgeleitete Medienproduktion zeichnen sich bisher durch den Wandel der geographischen und gesellschaftlichen Ziele aus. Adressatenbezogene, technologische und lernpsychologische Ansätze einer Mediendidaktik erschöpfen sich vorwiegend in methodisch-handwerklichen Anleitungen. Eine geographie-didaktische Medienanalyse war bisher weitgehend inhaltsorientiert. Es wurde stets überprüft, ob der Sollwert des „geographischen Stoffes" angemessen in den Medien repräsentiert wurde. Aussageanalysen dominieren weit vor Wirkungsanalysen, bei denen der „Istwert geographischer Inhalte" bei den Schülern, d.h. der

Lerneffekt durch die Medien, festgestellt wurde. Kommunikatorenanalysen, d. h. Untersuchungen der Sender und Gestalter von Informationen, fehlen ebenso wie eine facheigene Medientheorie. Diese wird allerdings zur Zeit auch erst in der allgemeinen Didaktik entwickelt.

Tab.: Geographie- und mediendidaktische Entwicklung seit dem 19. Jahrhundert:

Geographische Konzepte	geographie-didaktische Konzepte	Medienkonzepte
Länderkunde	umfassendes geographisches Weltbild	Texte, Bildreihen und Filme mit sehr breit nach dem länderkundlichen Schema geordneten Inhalten: Reisebericht u. ä. Themen
	vaterländische Erdkunde	ideologische Einseitigkeiten der Medien
	nationalsozialistisches Sehen und Denken	
Dynamisches Prinzip	Exemplarisches Prinzip	thematische Begrenzung der Medien z. B. Bauern hinterm Deich ...
Allgemeine Geographie/ Sozialgeographie/ Angewandte Geographie	lernzielorientierter Geographieunterricht	gesellschaftskritische und praxisrelevante Medieninhalte werden bevorzugt; heute: multiperspektivische Betrachtung wird gefordert.

4 Medientheorie und Medienpraxis

Folgende Ausführungen versuchen, einige allgemeine Kategorien zusammenzufassen, nach welchen Medien analysiert und beurteilt werden können, um sie angemessen im Unterricht einzusetzen.

Kategorie 1: *Inhaltsstruktur*
Medien sollen zentrale Themen und Inhalte erfassen, d.h. diese müssen bedeutsam sein für die Erhellung und Meisterung von Lebenssituationen. Da diese von den Wissenschaften erforscht werden, muß der Medieninhalt auch geeignet sein, Fachstrukturen exemplarisch erkennen zu lassen. Die Medieninhalte sollten vorwiegend Lehrplaninhalte und -ziele repräsentieren. Oft ist

aber auch zu beobachten, daß sich die gesellschaftlichen Ziele und Anschauungen schneller verändern und entwickeln als die Lehrpläne. In diesem Falle sollte die Freiheit des Lehrers und der Lerngemeinschaft der Schüler soweit gewährleistet sein, daß auch aktuelle Themen – unabhängig vom Lehrplan – aufgegriffen werden können. Der Medieninhalt muß unabhängig von der vorhergehenden Forderung dem Prinzip der Aktualität entsprechen, d.h. der Inhalt darf nicht veraltet sein, falls nicht historisch Gewordenes als solches analysiert werden soll.

Kategorie 2: *Formalstruktur*
Die Medieninhalte zeichnen sich durch unterschiedliche Formalstrukturen aus. So kann ein Inhalt statische Strukturen aufzeigen, wie z.B. ein Aufschluß in einem Steinbruch oder ein Grundriß einer Stadt. In einem anderen Medium kann versucht werden, mit verschiedenartigen Hilfsmitteln neben der statischen Struktur der Physiognomie von Erscheinungen, auch deren Funktion aufzuzeigen. Die geographischen Inhalte sollen nach heutiger Anschauung in der Regel nicht nur in ihrem Zustand, sondern auch in ihrer Genese dargestellt werden. Deshalb ist auch die Dynamik des Medieninhaltes zu analysieren, d.h. zu untersuchen, ob das Medium die Entwicklung von Strukturen oder aktuelle Prozesse widerspiegelt. Da der geographische Raum heute als Verfügungsraum sozialer Gruppen betrachtet wird, ist für die Beurteilung eines Mediums außerdem entscheidend, ob die sozialen Gruppen in ihrer Auseinandersetzung mit und in ihrem geographischen Raum angemessen repräsentiert werden. Die statisch-strukturalen, funktionalen, prozessualen und sozialen Betrachtungsweisen sind zum einen von den inhaltlichen Zielen her notwendig, zum andern erfordern sie eine adäquate Mediengestaltung. (S. Ketzer S. 102 ff.)

Kategorie 3: *Perspektive*
Je nach sozio-kultureller Herkunft der Medienproduzenten wird ein Medieninhalt von anderen Perspektiven ausgezeichnet sein. Ideologiekritische Analysen haben deshalb die Aufgabe, den Standort des Medienherstellers auszumachen. Medien mit monoperspektivischen Betrachtungsweisen sollten entweder nicht für die schulische Arbeit eingesetzt oder mit Hilfe anderer Quellen intensiv analysiert und hinterfragt werden. Die Forderung nach einer multiperspektivischen Betrachtungsweise ist zunächst als ein wichtiger mediendidaktischer Grundsatz zu postulieren. Zur verstärkten Sensibilisierung ist es aber auch gerechtfertigt, ja sogar notwendig, den Schüler mit monoperspektivischen Medien zu konfrontieren, um ihn durch eine ideologiekritische Analyse gegen eine ähnliche einseitige Beeinflussung in den Massenmedien zu immunisieren. Die Feststellung der Mono- oder Multiperspektivität eines Mediums entscheidet über dessen Einsatz und Auswertung.

Kategorie 4: *Medienadäquanz*
Schüler aller Altersstufen können prinzipiell mit allen Medien konfrontiert werden, jedoch nicht mit allen Medieninhalten. Diese verlangen wieder je nach formaler Struktur die Wahl eines bestimmten Mediums. Visuell-dynamisches sollte durch Filme, Visuell-statisches z.B. durch Bilder und Aufbautransparente, Auditives durch ein Tonmedium erfaßt werden. Aber auch für diese Grundregeln gibt es je nach Zielstellung Ausnahmen. Bei der Entscheidung über die Medienadäquanz ist zu fragen,
- ob ein bekannter oder unbekannter Inhalt wiedergegeben werden soll,
- ob bekannte Inhalte ins Gedächtnis gerufen werden sollen, um Schlußfolgerungen daraus zu ziehen,
- ob durch Audiovision totale Information durch Rezeption beabsichtigt wird,
- ob z.B. durch ein einsinniges Medium Kreativität und Aktivität gefördert werden sollen.
Medienadäquanz entscheidet über die Fragen:
- Wird ein Inhalt adäquat wiedergegeben?
- Wird ein Lernziel adäquat angestrebt?

Kategorie 5: *Adressat*
Medien müssen die Lern- und Aufnahmefähigkeit der Menschen berücksichtigen. Diese sind in der großen Mehrzahl visuell veranlagt. F. R. KÖHLER macht hierzu folgende Angaben:
Man behält von dem,

was man liest, etwa	10%	was man hört:	20%
was man sieht:	30%	was man sieht und hört:	50%
was man selbst vorträgt:	70%	was man selbst ausführt:	90%

H. RUPRECHT (1970, S. 16) quantifiziert die Leistungen der verschiedenen Medien wie folgt:
- konventioneller Unterricht 100,
- ergänzt durch Tonband 112,7,
- ergänzt durch Textvorlage 112,8,
- ergänzt durch Film 121,3,
- ergänzt durch Tonband und Text 138,9,
- ergänzt durch Film und Text 146,1,
- ergänzt durch audiovisuelles Kontext-Modell 149,0.
Je nach Entwicklungsstand des Schülers – nicht unbedingt je nach Alter – kann ein Medium dem Schüler zugemutet werden oder nicht. Entwicklungspsychologische Phasen, beschleunigt oder retardiert durch soziokulturelle und anthropogene Bedingungen, sind entscheidend für den Medieneinsatz. Allgemeingültige Aussagen über einen stufengemäßen Einsatz sind nur von der

Formalstruktur der Inhalte (vom Einfachen zum Schwierigen, vom Konkreten zum Abstrakten), nicht jedoch vom Medium (etwa vom Bild zum Ton oder vom Bild zum Symbol) zu machen.

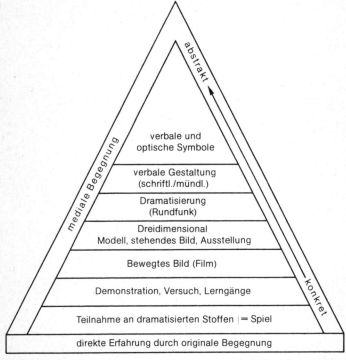

Abstraktionsgrad der medialen Begegnung (nach *A. Brucker*, 1977)

Die inhaltliche Zielsetzung und die Formalstruktur eines Mediums müssen an der Konditionierung einer bestimmten Adressatengruppe gemessen werden, um über den Medieneinsatz entscheiden zu können.

Kategorie 6: *Didaktischer Ort*
Die vorangegangenen Analyse-Ergebnisse sind die Grundlage für die Funktionsbestimmung eines bestimmten Mediums, d.h. ob es vorwiegend zur Motivation, zur Information, zur Operation oder zur Translation dienen kann. Je nach Funktionseinschätzung wird eine Entscheidung über den didaktischen Ort eines Mediums getroffen. WELLENHOFER gibt im folgenden Schema ein Beispiel zum Einsatz einer Schulfunksendung in einer normalgestuften Unterrichtseinheit.

19

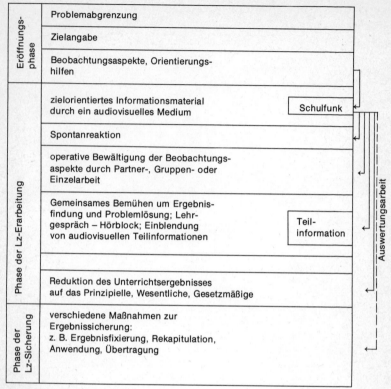

(*Wellenhofer*, Donauwörth 1977)

Prinzipiell können Medien in allen Phasen des Unterrichts eingesetzt werden. Entscheidend über deren Einsatz ist deren Funktion, d.h.

– ob das Medium in der Anfangssituation Interesse für einen bestimmten Inhalt wecken und zu einem bestimmten Problem hinführen soll,
– ob es in der Mittelsituation des Unterrichts Informationsgrundlagen bieten soll, um durch deren Analyse in einem Diskurs der Schüler zu Einsichten und Lernergebnissen zu kommen, oder
– ob in der Endsituation einer Unterrichtseinheit mit Hilfe des Mediums eine Lernsicherung gewährleistet oder eine Translation, d.h. eine Anwendung des Gelernten in einem anderen Zusammenhang, gefordert werden soll und kann.

Folgende Matrix kann eine Hilfe bei der Analyse und Bewertung von Medien darstellen:

20

MATRIX
zur Medienanalyse und zur Medienentscheidung

Kategorien	Medium 1	Medium 2	etc.
Kategorie 1: Inhaltsstruktur zentral aktuell peripher irrelevant			
Kategorie 2: Formalstruktur statisch-struktural funktional prozessual sozial			
Kategorie 3: Perspektive multiperspektivisch monoperspektivisch			
Kategorie 4: Medienadäquanz visuell auditiv audiovisuell zieladäquat			
Kategorie 5: Adressat fachliche Konditionierung Alter			
Kategorie 6: Funktion/didaktischer Ort Motivation Information Operation Translation Training Anfangssituation Mittelsituation Endsituation			

5 Zusammenfassung

Medien beeinflussen alle Unterrichtsfaktoren. Dies ist sowohl bei der Konstruktion von Medien als auch bei der Unterrichtsplanung und der Unterrichtsdurchführung zu beachten und zu berücksichtigen. Folgende Skizze soll die Interdependenz von Medien und anderen Unterrichtsfaktoren veranschaulichen:

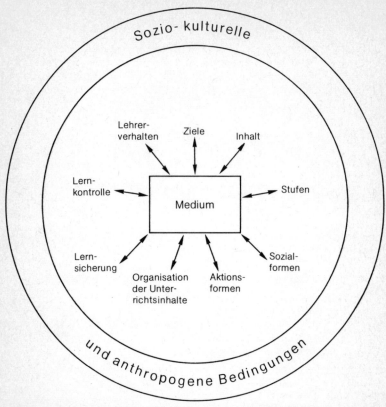

Die mediendidaktische Forschung hat die bisherige inhaltsorientierte Medientheorie fortzuführen, die technologische Medientheorie (die den Sollwert eines Medieninhaltes als Istwert in Form von Wissen und Können im „Objekt Schüler" überprüft) zu relativieren und zu humanisieren, d.h. eine neue Medientheorie zu entwickeln. PROTZNER postuliert neuerdings eine emanzipatorische Medientheorie, die auf Information aufbauend, Kommunikation provoziert und Metakommunikation erlaubt. Das bedeutet, daß an die Information der Mediendarbietung Kommunikation, d.h. diskursives Denken, bzw. ein Gespräch der Lerngemeinschaft, folgen soll, um eine multiperspektivische Betrachtung zu gewährleisten. Diese scheint aber erst abgesichert, wenn auf die Information und Kommunikation auch noch eine Metakommunikation, d.h. ein Analysegespräch über den eigenen Umgang mit dem Medium, mit der Information und über die eigenen Analyse- und Bewertungsanstrengungen geführt wird. Damit ist eine pluralistische bzw. multiperspektivische Betrachtung gewährleistet, die Entscheidung für einen Wert, einen Standpunkt, und die Übernahme von Verantwortung statt Nonkonformismus bleibt in der Freiheit des Rezepienten.

6 Literatur

BIRKENHAUER, J.: Erdkunde Teil 1 und 2. Düsseldorf ⁴1975.

EGGERS, W.: Der zeitgemäße Harms – Harms pädagogische Reihe. München 1963.

ERNST, E.: Lernziele in der Erdkunde. In: Geographische Rundschau. Braunschweig 1970, S. 186 ff.

FRÖHLICH, A.: Die auditiven, visuellen und audiovisuellen Unterrichtsmittel. Basel 1974.

GEIPEL, R. (Hrsg.): Der Erdkundeunterricht, Heft 1 – 24. Stuttgart 1970 ff.

HAUBRICH, H. u.a.: Konkrete Didaktik der Geographie. Braunschweig 1977.

KRAUSS, H.; RIEDLER, R.; BERGMANN, E.; WELLENHOFER, W.: Aktuelle Fragen der Mediendidaktik. Donauwörth 1977.

LAUTENSACH, H.: Wesen und Methoden der geographischen Wissenschaft. In: KLUTHE, F.: Handbuch der geographischen Wissenschaften, 1. Teil. Potsdam 1933.

MEYER, E.; ROTHER, E. F.: Die AV Medien im Erdkundeunterricht. München o.J.

POLLEX, W.: Zeitgemäße Geographie in Hauptschulen. In: Westermann Pädagogische Beiträge. Braunschweig 1969, S. 627 ff.

PROTZNER, W.: Zur Medientheorie des Unterrichts. Bad Heilbrunn 1977.

RUPRECHT, H.: Lehren und Lernen mit Filmen. Bad Heilbrunn 1970.

SCHMIDT, A.: Der Erdkundeunterricht. Bad Heilbrunn 1972.

SCHNASS, F.: 10 Thesen für den Erdkundeunterricht. In: Pädagogische Warte. 1935, S. 714 ff.

SCHNASS, F.; GERBERSHAGEN, P.: Der Erdkundeunterricht. Bad Godesberg ³1952.

SCHULTZE, A. (Hrsg.): 30 Texte zur Didaktik der Geographie. Braunschweig 1976.

STENZEL, A.: Die Thematik geographischer Schulfunksendungen und das exemplarische Arbeiten. In: KNÜBEL, H. (Hrsg.): Exemplarisches Arbeiten im Erdkundeunterricht. Braunschweig 1960.

WITTERN, J.: Mediendidaktik. Band 1 und 2. Opladen 1975.

WOCKE, M. F.: 7 Thesen zur Didaktik und Methodik des Erdkundeunterrichts. In: Unsere Volksschule. 1965, S. 286 ff.

Ambros Brucker

Das Satellitenbild
Beispiel: Transparent *Moskau* (35 8993, Westermann)

1 Satellitenbilder – Produkte der Erdfernerkundung

Ende der Sechziger Jahre unseres Jahrhunderts setzte mit der Fernerkundung der Erde durch wissenschaftliche Satelliten eine neue Epoche der Erforschung unseres Planeten ein. Eine Fülle von größtenteils völlig neuartigem Bild- und Datenmaterial steht seitdem zur Verfügung, das nicht nur der Wissenschaft, sondern auch für unterrichtliche Zwecke überraschende Möglichkeiten der Wirklichkeitsanschauung und Erkenntnisgewinnung bietet. Erstmals wird hierdurch eine anschaulich-globale Betrachtungsweise unseres Lebensraumes ermöglicht.

1.1 Für den Geographieunterricht sind die Satellitenbilder in mehrfacher Hinsicht von besonderer Bedeutung:
– Sie erlauben eine großzügige Synopsis der raumbestimmenden Elemente, was bisher fast ausschließlich nur durch den Einsatz von Karten möglich war;
– sie gewähren Einblick in ansonsten nur schwer zu betrachtende Gebiete, wie z.B. Gebirge oder Wüsten, aber auch Flursysteme, Siedlungslagen, -aufbau und -formen;
– sie decken als dokumentarische Momentaufnahmen mit aktuellem Informationsgehalt die wechselseitigen Beziehungen zwischen dem Menschen und dem Raum auf.
Um diese Vorzüge der Satellitenbilder unterrichtlich wirksam werden zu lassen, müssen je nach dem gewählten Raumbeispiel unterschiedliche Arten von Bildern beziehungsweise Verfahren der Fernerkundung herangezogen werden. Bilder im sichtbaren Bereich des Lichtes bieten nämlich nur dort eine Fülle von belangvollen Informationen, wo die Wolkenbedeckung gering und der Feuchtigkeitsgehalt der Luft relativ niedrig sind, überwiegend also in den Trockengürteln der Erde. Bei Aufnahmen aus humiden Gebieten gilt es, die Einflüsse der Atmosphäre möglichst weitgehend auszuschalten. Deshalb wur-

den Systeme entwickelt, die die Erdoberfläche im nicht sichtbaren Bereich des elektromagnetischen Spektrums abtasten. Hierbei werden aussagekräftige Bilder gewonnen, die allerdings „falsche Farben" zeigen.

1.2 Wie kommen die Falschfarben der Multispektralbilder zustande? Die Erderkundungssatelliten sind mit Abtastgeräten (Scanner) ausgerüstet, die in folgenden Kanälen die Intensität der von der Erdoberfläche reflektierten Strahlung messen:

0,5 µm – 0,6 µm blaugrün
0,6 µm – 0,7 µm gelborange
0,7 µm – 0,8 µm rot/nahes Infrarot
0,8 µm – 1,1 µm nahes Infrarot

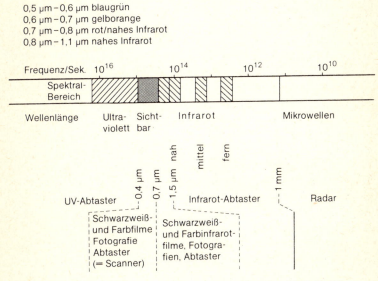

Fernerkundungsverfahren (nach *Parker/Wolf* aus: *Estes*, 1974, S. 16)

Der Scanner tastet in Zeilen die Erdoberfläche ab und zerlegt den reflektierten Strahl in die Spektralbereiche. Dabei wird die einfallende Strahlung in elektrische Signale umgewandelt. Detektoren, die nur in schmalen Spektralbereichen empfindlich sind, nehmen die gewünschte Wellenlänge auf. Die elektronischen Signale der Detektoren steuern eine Lichtquelle, die einen Film belichtet; die Meßwerte können aber auch auf Magnetband gespeichert werden. Auf Abruf hin werden sie im UKW-Bereich zur Erde gesendet und dort in Schwarzweiß-Bilder umgesetzt. Die Schwarzweißbilder, die untereinander deckungsgleich sind, geben die Strahlungsintensität in einem engen Spektralbereich wieder. Wenn den schwarzweißen Spektralauszügen Farbfilter vorgeschaltet wer-

25

den, erhält man Farbbilder. Diese können zu Multispektralbildern zusammengesetzt, beziehungsweise gemischt werden.

1.3 Welche Bedeutung haben die Farben der Multispektralbilder? Im allgemeinen werden die Synchronaufnahmen der oben genannten Bereiche des Multispektralscanners zu Farbbildern verarbeitet, wobei jedem Spektralbereich eine Farbe zugeordnet werden kann. Da man dem nahen Infrarot zumeist die Farbe Rot zugibt, erscheinen auf derartigen Bildern lebende Pflanzen nicht grün, sondern rot. In diesem Spektralbereich nämlich schützt sich die Pflanze vor zu starker Aufheizung dadurch, daß das Mesophyll die einfallende Strahlung intensiv reflektiert. Da das Reflexionsvermögen je nach Pflanzenart differiert, lassen die unterschiedlichen Rottöne Aussagen über die Vegetation zu. Wasser besitzt eine sehr hohe Absorptionsfähigkeit und erscheint daher dunkelblau bis schwarz. Eis, Schnee und Wolken zeigen verschiedene Weißtöne. Anorganische Substanzen absorbieren und reflektieren die Strahlung je nach ihrer Zusammensetzung. So sind z.B. städtische Siedlungen an ihren blauen Farben erkenntlich. Helle Schlieren im Wasser oder über Agglomerationen weisen auf Verunreinigungen des Wassers oder der Luft hin.

Für die Interpretation der Falschfarben-Satellitenbilder wäre an sich ein „Schlüssel" erforderlich, der als systematisches Verzeichnis alle erkennbaren Abbildungsmerkmale der einzelnen Bildelemente enthält. Diese Objektivierung von Interpretationen durch „Einheitsschlüssel" ist jedoch kaum möglich, da die Strahlungsintensitäten mit der Tages- und Jahreszeit wechseln, da Fehler in der Übertragung vorkommen können, und da Farbschwankungen in der drucktechnischen Reproduktion nicht auszuschalten sind. Notwendig sind deshalb zweckentsprechende sach- oder regionenbezogene Interpretationsschlüssel.

1.4 Literaturhinweise zur Erstellung und Interpretation von Satellitenbildern

BODECHTEL, I.; GIERLOFF-EMDEN, H. G.: Weltraumbilder – die dritte Entdeckung der Erde. München 1974.

BRUCKER, A.: Neue Medien zur Satellitengeographie. In: Lehrmittel aktuell. Braunschweig Nr. 5/6 1975.

BRUCKER, A.: Satellitenbilder im Geographieunterricht. In: Geographische Rundschau. Braunschweig Nr. 9/1976.

ESTES, J.; SENGER, L.: remote sensing. Techniques for Environmental Analysis. Santa Barbara, California 1974.

GIERLOFF-EMDEN, H. G.; SCHROEDER-LANZ, H.: Luftbildauswertung (3 Bände). Mannheim 1970.

HEUSELER, H. unter Mitwirkung von BRUCKER, A.: Die Erde aus dem All. Braunschweig und Stuttgart 1976.

KLAUS, D.: Erdfernerkundungsverfahren durch Satelliten und ihre geographischen Anwendungsmöglichkeiten. In: Geographische Rundschau. Braunschweig Nr. 9/1976.
SCHNEIDER, S.: Luftbild und Luftbildinterpretation. In: Lehrbuch der Allgemeinen Geographie, Band XI. Berlin 1974.

1.5 Begründung für die Wahl des Winterbildes von Moskau: Für die folgende unterrichtliche Interpretation eines Satellitenbildes wurde deshalb eine Winteraufnahme gewählt, weil sie sich in diesem Band schwarz-weiß wiedergeben läßt, ohne wesentliche Teile des Informationsgehaltes zu verlieren. Durch die Ruhe der Vegetation fehlen auf dem Original fast völlig die roten Farbtöne, es überwiegt die blaue Farbe in nahezu allen Farbabstufungen. Zudem kommen auch in dem hier abgedruckten Schwarzweiß-Bild die Texturen der verschneiten Fluren, der Verkehrslinien und der „offenen" Gewässer zur Geltung.

Lernziel: Die räumlichen und historischen Voraussetzungen für die Entwicklung eines politisch-ökonomischen Zentrums erklären sowie die Folgen des Verdichtungsprozesses beurteilen

Feinziele/Gliederung	Aktions- und Sozialformen	Medien	Erkenntnisse/Grundbegriffe
Motivation durch Aussagen, die die zentrale Bedeutung Moskaus hervorheben	Lehrervortrag: Der deutsche Gelehrte Adam Olearius beginnt seine Schilderung (Mitte des 17. Jahrhunderts) mit den Worten: „Die Stadt liegt in der Mitte und gleichsam im Schoß des Landes". Ein russisches Sprichwort sagt: „Über Moskau geht nur der Kreml, über den Kreml nur der Himmel." Spontane Schüleräußerungen zur Bedeutung Moskaus als (geistiges, politisches und wirtschaftliches) Zentrum der Sowjetunion und des Ostblocks.		Zum 2. Teillernziel: Die Bevölkerungsentwicklung Moskaus
Problemstellung 1/Zielorientierung	Lehrer faßt die Schülermeinungen in der Frage zusammen (u. U. nonverbal an der Tafel): Welche Voraussetzungen haben dazu geführt, daß Moskau zum Zentrum eines Weltreiches werden konnte?	Tafelanschrift	
Operation und Information 1. Teillernziel: Lage und naturräumliche Ausstattung Moskaus und seines Umlandes beschreiben	Partnerarbeit: Die Lage Moskaus um Gradnetz; Lage Moskaus innerhalb des Großraumes der Sowjetunion und innerhalb des europäischen Teils der UdSSR. Lehrgespräch: Erarbeitung der kleinräumigen Lage Moskaus und seines Umlandes, der naturräumlichen Bedingungen	Wandkarte Atlaskarte Eurasiens Atlaskarte Osteuropas Tageslichtprojektor: Satellitenbild Moskau Arbeitsblatt für Schüler + Deckfolie Einträge in Arbeitsblatt, Leerfolie	Moskau: 55° 46′ n, 37°30′ O Räumlicher Mittelpunkt Osteuropas Topographische Grundkenntnisse Geringe Reliefenergie Lage zwischen Waldsteppe im Süden und Taiga im Norden (Mischwaldzone) Rodungsinseln Altmoränenland im N und O Urstromtalzone im S
	Lehrervortrag über die historisch-geologische Entwicklung der mittelrussischen Plattenlandschaft		
2. Teillernziel: Vom historischen Werdegang Moskaus erfahren und die Bevölkerungsentwicklung darstellen	Stillarbeit: Informationstext zur Entstehung und Entwicklung Moskaus aufnehmen Teilzusammenfassung wesentlicher	Informationstext Tafelanschrift	Entwicklung Moskaus: Kreml vor 1147 gegründet 1328–1712 Sitz des russischen Großfürsten

	Lehrers ein Diagramm an der Tafel Lehrer entwirft an der Tafel eine Skizze der Stadtentwicklung	Tafel: Diagramm Dias bekannter Gebäude Farbige Tafelskizze	der russischen Erde" 1812 Brand (Napoleon) 1922 erneut Hauptstadt
3. Teillernziel: Die Funktionsgliederung der Stadt beschreiben	Lehrgespräch: Interpretation einer Funktionskarte Moskaus	Atlas: Nebenkarte	Regierungs-, Geschäfts-, Industrie-, Wohnviertel
4. Teillernziel: Den Verdichtungsraum abgrenzen	Bildauswertung im Lehrgespräch	Eintrag auf Leerfolie, die dem Satellitenbild aufliegt	Fläche Moskaus: 87 500 ha
5. Teillernziel: Aufgrund der Verkehrs-Linienführung Moskau als das Zentrum des Staates erschließen	Bildauswertung im Lehrgespräch	Satellitenbild	Sternförmiger Verlauf der Eisenbahn- und Straßenführung, Mittelpunkt des osteuropäischen Eisenbahnnetzes, Flußverbindungen, Kanäle zu den „fünf Meeren", 4 Großflugplätze, davon 3 im Satellitenbild auszumachen.
Problemstellung 2	Aus der Teilzusammenfassung über die Entwicklung der bevölkerungsreichsten Stadt der Sowjetunion ergibt sich der Impuls: „Auch in einem sozialistischen Staat müssen Probleme der Raumordnung bewältigt werden." Diskussion über die Bedürfnisse der Bevölkerung (z. B. Wohnung, Erholung), der Industrie (Standortfaktoren), Landwirtschaft u. a.		
6. Teillernziel: Probleme der Raumplanung diskutieren	Lehrer zeigt Lösungswege auf, die im Raum Moskau durch die Stadtplaner gegangen werden.	Satellitenbild + Deckfolie oder Einträge in einer Leerfolie	Die Ringautobahn als Verwaltungsgrenze des Stadtgebietes Waldschutzgürtel für die Erholung der Großstadtbevölkerung Verstädterungsgürtel, in dem Trabantensiedlungen angelegt werden sollen.
Translation als Zusammenfassung unter neuem Aspekt	Präsentation eines Satellitenbildes von Paris – Vergleich mit Moskau (Lage, Größe, Funktionen, Verkehrsnetz...) Erörterung der Unterschiede zwischen Karte und Satellitenbild (Senkrechtaufnahme)	Dia „Paris" aus der Serie „Weltstädte aus dem Weltall" (Westermann 31 9040) + Stadtkarten im Atlas	Peripherer Bereich mit landwirtschaftlicher Nutzung

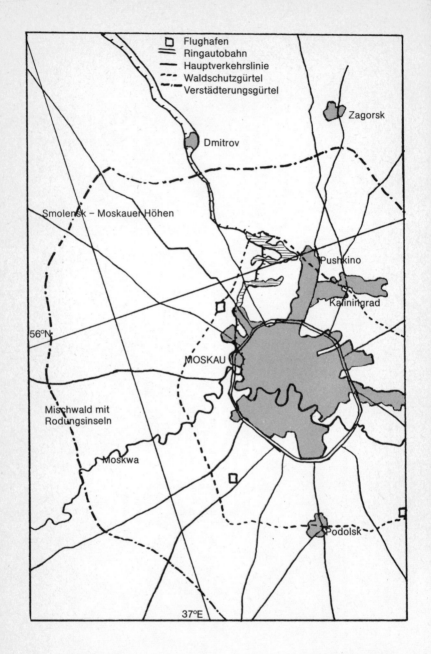

Abbildung labels within map:
- Flughafen
- Ringautobahn
- Hauptverkehrslinie
- Waldschutzgürtel
- Verstädterungsgürtel

Zagorsk
Dmitrov
Smolensk – Moskauer Höhen
Pushkino
Kaliningrad
56°N
MOSKAU
Mischwald mit Rodungsinseln
Moskwa
Podolsk
37°E

Abb. 1: Interpretationsskizze zu Satellitenbild Moskau (Landsat 25.2.1974)

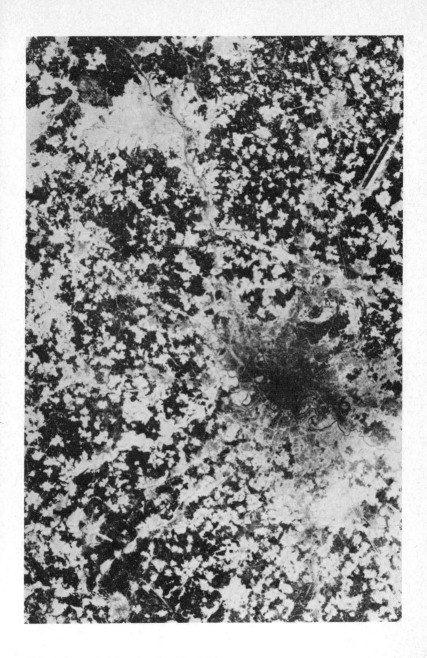

Abb. 2: Reproduktion des Satellitenbildes

2 Der Einsatz des Transparentes im Unterricht

2.1 Die Auswertung dieses Satellitenbildes wird eingebettet in eine Unterrichtseinheit, die sich mit der Lage, der Entwicklung und den Stadt-Umland-Beziehungen Moskaus befaßt. Für diese Unterrichtseinheit werden insgesamt drei Unterrichtsstunden mit je 45 Minuten vorgesehen, und zwar – entsprechend den derzeit in den meisten Bundesländern gültigen curricularen Lehrplänen – in der 9. Jahrgangsstufe. Als Lernziel wurde gesetzt: „Die räumlichen und historischen Voraussetzungen für die Entwicklung eines politisch-ökonomischen Zentrums erklären sowie die Folgen des Verdichtungsprozesses beurteilen." Um dieses Ziel zu erreichen, wurde eine Sequenz von Teillernzielen aufgestellt, die jeweils operationabel formuliert sind. Aus der unterrichtlichen Verlaufsstruktur geht hervor, daß zur Operationalisierung der einzelnen Teilziele unterschiedliche Medien eingesetzt wurden. Zur Erarbeitung der Lage der Stadt im Großraum Osteuropas wurde die Wandkarte/topographisch-physische Atlaskarte verwendet. Um die Funktionsgliederung erarbeiten zu lassen, mußte eine thematische Karte herangezogen werden. Im Rahmen der Darstellung des historischen Werdegangs der Stadt wurde ein „Bild" Moskaus anhand der Auswertung mehrerer Dias vorgestellt. Es versteht sich nahezu von selbst, daß die jeweiligen Unterrichtsergebnisse gefestigt werden, hier durch Tafelanschriften und Skizzen.

2.2 Im Zentrum der Operationalisierung des Lernziels stand als Quellenmaterial das Satellitenbild, das mehrfach eingesetzt und interpretiert wurde, wobei jeweils dann ein Vergleich mit den Atlaskarten gezogen wurde, wo dies möglich war. Dem Transparent wurde aus mehreren Gründen der Vorzug gegeben:
- Es bietet gegenüber der Karte eine „objektive Generalisierung der dinglichen Erfüllung des Raumes".
- Als operationables Stehbild erlaubt es eine gezielte Informationsgestaltung durch Einträge auf Leerfolien, wodurch die bildhaften Informationen strukturiert und beschriftet werden können.
- Es bietet einen anschaulichen Überblick über die Stadt und ihre Umgebung, wie ihn ansonsten kein anderes auf dem Markt erhältliches Medium zeigt.
- Zudem erfüllt das Satelliten-Transparent alle Funktionsmerkmale der Unterrichtsmedien: es objektiviert den Lehrinhalt, es ist reproduzierbar, es ist perfekt in der Darbietung des Lehrinhaltes, es individualisiert den Lernprozeß und intensiviert ihn.
- Das Raumbeispiel wird durch diese mediale Präsentation „gegenstands- und altersspezifisch adäquat präsentiert"; der übliche „Modernitätsrückstand der Schule" (DÖRING) wird überwunden.

Damit die Schüler das Satellitenbild interpretieren können – selbstverständlich unter Anleitung durch den Lehrer –, müssen sie bereits früher einmal mit der Bedeutung von Falschfarben und der Entstehung von Multispektralbildern befaßt worden sein. Dies ist, wie entsprechende Erfahrungen gezeigt haben, ohne weiteres im Rahmen einer Unterrichtsstunde bereits am Ende der 8. Jahrgangsstufe möglich.

2.3 Welche Inhalte des Satellitenbildes werden von den Schülern im Rahmen des entwickelnden Verfahrens erkannt? Im Begleitblatt zum Arbeitstransparent heißt es:

– Zur Lage und Abgrenzung des Verdichtungsraumes Moskau: Die Millionenstadt Moskau und ihr Verdichtungsraum treten durch eine geschlossene dunkel-graublaue Färbung in Erscheinung, die nur vereinzelt durch linienhafte Elemente, wie z.B. hell dargestellte Straßen und den schwarzen Verlauf der Moskwa – wo diese nicht zugefroren ist – gegliedert wird. Die Siedlungsachsen, als hellblaue zusammenhängende Flächen abgebildet, erstrecken sich nach allen Richtungen, den Hauptverkehrslinien folgend, insbesondere aber in Richtung Nordosten und Norden sowie nach Süden und Südosten. Der Verdichtungsraum umfaßt nicht nur den größten Teil des Stadtgebiets von Moskau, sondern reicht stellenweise darüber hinaus.
Die Moskau fast kreisförmig umgebende Ringautobahn ist an einzelnen Stellen sichtbar; sie stellt zugleich die Verwaltungsgrenze des Stadtgebietes dar. Außerhalb der Stadt, in der Region, liegen die Großflugplätze der Hauptstadt, deutlich an den geradlinigen Start- und Landebahnen zu erkennen.
– Zur Vegetation: Auffallend ist die „Pockennarbigkeit" der Umgebung Moskaus: hier ist der Mischwald von einer großen Zahl von Rodungsinseln durchsetzt. Wegen der winterlichen Jahreszeit enthält das Bild keine Rottöne, die auf frische Vegetation hinweisen würden.
– Zu den Verkehrswegen: Wo kleinere und größere Rodungsinseln zusammengewachsen sind, wo in flachen Mulden die Täler der Flüsse sich erstrecken, dort verlaufen auch die wichtigsten Verkehrswege. Sternförmig laufen sie auf Moskau zu, besonders klar und scharf gezeichnet dort, wo sie zusammenhängende, dunkle Waldgebiete durchschneiden. An ihrem geradlinigen Verlauf sind sie auszumachen. Man kann allerdings die Bahnstrecken nicht von den Straßen unterscheiden.
– Zu den Gewässern: Bis auf die Flußstrecke innerhalb der Millionenstadt, in der der Fluß aufgeheizt wird, sind nicht nur die Moskwa, sondern auch die anderen Flüsse und Seen zugefroren. Allerdings ist der Moskau-Kanal größtenteils offen. Die Stauseen in der unmittelbaren Umgebung Moskaus, die seiner Wasserversorgung dienen, können nur im Vergleich mit der Atlaskarte ausgemacht werden ...
– Zur Raumplanung im Moskauer Umland: Die Raumordnungsmaßnahmen und -vorhaben in der Region Moskau sind nur bedingt aus dem Transparent abzulesen; sobald man jedoch das Satellitenbild mit den entsprechenden Einträgen der Begleitblatt-Skizze vergleicht, werden die Strukturen deutlicher. Wie konzentrische Kreise umgeben das Moskauer Kerngebiet ein Waldschutzgürtel, der vorwiegend der Erholung der Großstadtbevölkerung dienen soll und entsprechend erhalten wird, anschließend ein Verstädterungsgürtel, in dem neue Siedlungen als Trabantensiedlungen angelegt werden, und schließlich der periphere Bereich mit landwirtschaftlicher Nutzung und größeren zusammenhängenden Waldbeständen. (BRUCKER, A. 1977)

Im Rahmen der Interpretation wird nach und nach eine Skizze entwickelt, in die die wesentlichen Interpretationsergebnisse eingetragen werden. Zu diesem Zweck ist es sinnvoll, wenn die Schüler ein vervielfältigtes Arbeitsblatt erhalten, das die topographischen Grundgegebenheiten des Satellitenbildes enthält, freilich ohne die Namen der Siedlungen, Flüsse usw. Müssen die „Stufen der Interpretation" beachtet werden? Für den Gang der Interpretation von Luft- und Satellitenbildern werden im allgemeinen folgende Schritte vorgeschlagen:

Vorbereitende Interpretation:
– Orientierung (Ein-Nordung des Bildausschnittes)
– Lokalisierung (Verortung)
– Maßstab (Größenverhältnisse der Darstellung)
– Aufnahmezeitpunkt

Die eigentliche Interpretation (Interpretation im engeren Sinne):
– Objektidentifikation durch Beschreibung
– Ordnendes Sichten
– Deutung (Erklärung)
– Beurteilung – unter Hinzuziehung weiterer Hilfsmittel.

Es besteht keinerlei Notwendigkeit, die Stufen der vorbereitenden Interpretation in der angegebenen Reihenfolge zu durchschreiten; es ist um eines entdecken-lassenden Verfahrens willen mitunter sogar sinnvoll, den Aufnahmezeitpunkt von den Schülern erschließen zu lassen, die Verortung sowie die Größenverhältnisse nicht von vornherein bekanntzugeben oder die Himmelsrichtungen durch Vergleiche mit dem Atlas finden zu lassen. Die Berücksichtigung der Interpretationsschritte verbietet in jedem Falle einen flüchtigen Bildkonsum und fördert intensives „geographisches Sehen".

2.5 Soll beim unterrichtlichen Einsatz von Transparenten mit vorgefertigten Deckfolien oder mit Leerfolien gearbeitet werden? Um die Einzelobjekte des Satellitenbildes zu kennzeichnen, um Zusammenhänge aufzuzeigen, um Strukturen nachzuzeichnen und damit zu verdeutlichen, um Beschriftungen vorzunehmen, können Leerfolien auf das Transparent aufgelegt werden. Die Schüler haben dann die entsprechenden Einträge auf ein Arbeitsblatt zu übernehmen. Es ist jedoch genauso möglich, bereits vorliegende beziehungsweise vorgefertigte Deckfolien zu verwenden. Dies wird wohl hauptsächlich dann zutreffen, wenn nur wenig Zeit für die unterrichtliche Interpretation von Satellitenbildern bleibt.

Die derzeit auf dem Markt erhältlichen Satelliten-Arbeitstransparente werden mit einer oder zwei Deckfolien geliefert, die der Verortung dienen und einen thematischen Aspekt des Satellitenbildes berücksichtigen. Auf der Rückseite des Begleitblattes ist jeweils noch eine weitere Skizze enthalten, die als Kopiervorlage für die Schüler-Arbeitsblätter verwendet werden kann oder deren Inhalte dem Lehrer für zusätzliche Einträge dient. In der auf Seite 30 angegebenen Interpretationsskizze sind teilweise die Inhalte der Deckfolie und des Skizzenvorschlages des Begleitblattes vereint dargestellt.

3 Alternative Möglichkeiten des Einsatzes von Satellitenbildern

3.1 Satellitenbilder der hier vorgestellten Art, also Falschfarben-Bilder der Erderkundungs-Satelliten, können wegen der Komplexität der aufgewiesenen Funktionalgefüge nur während der Erarbeitungsphase in der Mittelsituation des Unterrichts eingesetzt werden. Es gibt jedoch auch Satellitenbilder, die insbesondere zu Zwecken der Motivation verwendet werden können. Hierfür eignen sich hauptsächlich die mit Handkameras gewonnenen „Touristenaufnahmen", wie sie die Astronauten der Gemini- und Apollo-Missionen mit zur Erde gebracht haben. Selbstverständlich können Satellitenbilder vielfach auch im Rahmen der Translation eingesetzt werden (siehe unterrichtliche Verlaufsstruktur). Unterschiedliche Möglichkeiten der medialen Präsentation von Satellitenbildern werden heute bereits dadurch ermöglicht, daß auf dem Markt Satellitenbilder als Hand-, Wand-, Steh- und Laufbilder angeboten werden.

3.2 Nur durch den Einsatz von Handbildern ist die Interpretation im Rahmen von Einzel-, Partner- oder Gruppenarbeit möglich. Hierfür müssen die Schüler mit der Technik der Interpretation einigermaßen vertraut sein. Die Interpretation kann dann verbal, als Skizze auf einer Folie, durch Einträge in ein Arbeitsblatt oder in eine vorgegebene Skizze erfolgen. Zunehmend finden Satellitenbilder nunmehr Eingang in geographische Unterrichtswerke und sind damit ohne finanziellen Mehraufwand unterrichtlich verfügbar.
Die Präsentation der Bilder als Dias, über Episkop, als Transparente oder in der Form der jüngst veröffentlichten S-8 Arbeitsstreifen verlangt nach der zentral gesteuerten Interpretation.

3.3 Die Verwendung von Satellitenbildern in der Sekundarstufe I zielt in erster Linie darauf hin, geographische Inhalte durch dieses neue Medium zu veranschaulichen. Erst in zweiter Linie kann es darum gehen, die Schüler mit einer neuartigen Kulturtechnik vertraut zu machen. In der Sekundarstufe II geht es darüber hinaus darum, die Schüler mit unterschiedlichen Methoden der Fernerkundung zu befassen sowie mit verschiedenen Möglichkeiten der bildhaften Darstellung der durch Satelliten gewonnenen Daten. Sodann sollen die Schüler der Sekundarstufe II Einblick gewinnen in die Vorzüge der Fernerkundung für verschiedene wissenschaftliche Disziplinen, hauptsächlich für die geographische Forschung.

3.4 Wie sollen die Schüler im Umgang mit diesen neuartigen Medien vertraut gemacht werden? Mehrere Unterrichtsversuche in verschiedenen Klassen der Sekundarstufe I haben gezeigt, daß folgender Weg der Hinführung zu empfehlen ist (A. BRUCKER, 1975, S. 67):

– Erste Einführung in das Satellitenbild durch Schräg- (oder Senkrecht-)Aufnahmen mit geringem Verzerrungswinkel im sichtbaren Licht mit einfachen Strukturen: Aufnahmen von bemannten Weltraumflügen (Gemini, Apollo, Skylab), die markante Strukturen zeigen, wie z.B. Küstenlinien, Flußläufe, Gebirge.
– Bilder im sichtbaren Bereich mit komplexeren Strukturen.
– Schwarzweißaufnahmen von Wettersatelliten zeigen starke Verzerrungen, doch sind ihre Strukturen relativ einfach zu erkennen. Eine gedankliche Umsetzung der Grauwerte der Bilder fällt den Schülern nicht schwer.
– Falschfarbenbilder als Senkrechtaufnahmen (LANDSAT) mit einfachen Strukturen.
– Falschfarbenbilder als Senkrechtaufnahmen (LANDSAT) mit komplexen Strukturen: Zu dieser Gruppe von Satellitenbildern ist auch das hier vorgestellte zu rechnen.

Erst in Sekundarstufe II sollten die verschiedenen passiven und aktiven Verfahren der Fernerkundung behandelt werden, ebenso die differenten Möglichkeiten der Bildaufbereitung.

4 Die Bedeutung von Satellitenbildern für den Geographieunterricht

4.1 Welche geographischen Inhalte eignen sich besonders für die Präsentation im Satellitenbild? Bereits zu Beginn wurde darauf hingewiesen, daß Satellitenbilder in eindrucksvoller Weise das Wirkungsgefüge der Geofaktoren, die physisch- und anthropogeographischen Zusammenhänge aufzeigen, und zwar nicht abstrakt, sondern konkret-anschaulich. Dies ist ein Unterschied zur Karte, die auf ihre Art Wirkungsgefüge sichtbar machen kann. Der Unterschied zum Luftbild (vom Flugzeug aus) und zur Horizontalaufnahme aber liegt darin, daß das Satellitenbild großräumige Zusammenhänge aufdecken kann, daß es ungeahnte Einblicke in das atmosphärische Geschehen ermöglicht (S-8 Arbeitsfilm *Wetterbeobachtung aus dem Weltraum*, 35 5796, Westermann), daß es vorher schwer Deutbares deutlich vor Augen führt, daß es die Erde als einen „Gesamtorganismus" erfahren läßt – unabhängig von politischen Verhältnissen und Grenzen –, der ein geschlossenes ökologisches System bildet.

4.2 Durch den unterrichtlichen Vergleich von Karte und Satellitenbild wird zugleich ein wesentlicher Beitrag zu einer allgemeinen Medienerziehung geleistet – abgesehen davon, daß die Schüler das „Sehen" von Bildern lernen. Die Karte ist das angemessene Mittel, Sachverhalte in ihrem räumlichen Bezug darzustellen. Sie gibt jedoch die Wirklichkeit in Symbolen wieder und ist somit ein abstraktes Arbeits- und Veranschaulichungsmittel. Ihre graphischen Symbole verlangen nach der Ergänzung durch das Bild. Darüber hinaus reduziert der Kartograph subjektiv die Informationsfülle der Wirklichkeit, er verändert die Größenverhältnisse entsprechend seinen Absichten. Kennzeichen der Karte sind demnach die Generalisierung und Thematisierung, die Dauerdarstellung des Raumes in Falschfarben und die Beschriftung.

Auch das Satellitenbild, das wesentlich mehr Informationen als die Karte enthält, muß aufgrund des begrenzten Auflösungsvermögens generalisieren, doch handelt es sich hier um die „objektive optische Generalisierung der sichtbaren Topographie" (BODECHTEL; GIERLOFF-EMDEN). Es besitzt dokumentarischen Charakter (als Momentaufnahme) und weist keine Beschriftung auf. Es zeigt die komplexe räumliche Verknüpfung der Geofaktoren. Die Ursachen der Vergesellschaftung der Einzelobjekte zu erklären, ist das eigentliche Ziel der Bildinterpretation. Und hierdurch werden analytisches und synthetisches Denken wesentlich gefördert.

5 Zusammenstellung der für den Unterricht verfügbaren Satellitenbilder

5.1 Transparente (mit Deckfolien und Interpretationshinweisen)

„Lebensräume aus dem Weltraum" (Westermann, Braunschweig) (je zwei Deckfolien, je eine Begleitkarte mit Interpretationsskizze)

– Amazonastiefland	– Gangesdelta
– Kenya	– Himalaya
– Kyushu	– Oase Dakhla
– California	– Louisiana
– Alpen	– Isselmeer
– Rhein-Ruhr-Gebiet	– Halbinsel Kola
– Harz und Umland	– Moskau
– Banff/Alberta	– Rom
– Brasilia	– Salt Lake City

5.2 Geo-Poster/Wandbilder

„Großräume der Erde" (Westermann)
- Grand Canyon
- Mississippi-Delta
- Atolle
- Titicacasee
- Himalaya
- Persischer Golf
- Alaska
- Südchina
- Schleswig-Holstein
- California
- Ägypten
- Gibraltar
- Südmarokko
- Luzon
- Antarktis
- Nepal
- Kilimanjaro
- Nordpalästina/Südlibanon

Großformatige Kalenderbilder als Poster
„Fliegende Kamera. Geographie im Luft- und Satellitenbild" (Umwelt-Data, Offenbach).

5.3 Dias

Diaserie „Weltstädte aus dem Weltall" (Westermann) 12 Bilder und Begleittext
Diaserie „Häfen und Küsten – Weltraumbilder" (Westermann) 12 Bilder und Begleittext
15 Diaserien zur Weltraum-Fotografie (je 12 Dias, Firma Carl Zeiss, Oberkochen)
Diaserie „Satelliten und Raumfahrt (V-Dia-Verlag, Heidelberg) 20 Bilder
Diaserie „Erdaufnahmen aus dem Weltraum" (V-Dia-Verlag) 10 Bilder
Diaserie „Die Erde aus dem Weltall" (Jünger Verlag, Offenbach/M.) 24 Bilder

5.4 Handbilder/Arbeitshefte

BRUCKER, A.: Satellitengeographie. Arbeitsheft (Westermann, Braunschweig 1975) 24 Seiten DIN A 4.

5.5 Super-8 Arbeitsstreifen

- Die Erde aus dem Weltraum (Westermann, Braunschweig)
- Wetterbeobachtung aus dem Weltraum (Westermann)
- Geologie aus dem Weltraum (Westermann)
- Apollo-Mission – Flug zum Mond (Westermann)

Michael Geiger

Das Luftbild im Geographieunterricht

1 Präsentationsformen des Luftbildes als Arbeitsmittel im Unterricht

Unter aufnahmetechnischen Gesichtspunkten lassen sich folgende Luftbilder unterscheiden:

– *nach dem Aufnahmewinkel:* Senkrechtluftbild – Steilluftbild – Schrägluftbild;

– *nach dem Filmmaterial:* das schwarz-weiße – das farbige – das infrarotschwarz-weiße (Thermalbild) – das infrarot-falschfarbene Luftbild;

– *nach dem Aufnahmegerät:* das Foto – das Scanningbild – das Radarbild;

– *nach der Wiedergabeart:* das Einzelbild – das Stereobild (Stereogramm, Stereotriplet) – der Luftbildfilm.

Die hohe Aussagekraft, die große Informationsdichte und die damit gegebene außerordentliche große methodisch-didaktische Bedeutung führten dazu, daß diese Luftbilder zu verschieden gestalteten Unterrichtsmedien entwickelt wurden. Kein *Lehrbuch* verzichtet heute auf farbige Luftbilder. Die *Atlanten* stellen Luftbilder entsprechenden Kartenausschnitten gegenüber, um Hilfen zum vertieften Kartenverständnis anzubieten. *Luftbildbände* liegen von Deutschland, von allen Bundesländern und von vielen Teillandschaften Deutschlands und Europas vor. Zu einigen von ihnen gibt es entsprechende *Dia-Serien.* Die Lehrmittelverlage bieten weitere Dia-Serien mit Luftbildern an. Als *Wandbild* kommen Poster-Serien verschiedener Verlage wie auch Kalenderbilder in Frage. Luftbild-*Arbeitstransparente*, von verschiedenen Lehrmittelverlagen angeboten, eignen sich hervorragend für die Unterrichtsarbeit. Selbstgefertigte bzw. von den Herstellern mitgelieferte Aufleger erleichtern die Arbeit. Zu einigen Transparenten gibt es bildgleiche abwaschbare *Arbeitsfotos*, die gleichzeitig von den Schülern bearbeitet und beschriftet werden können. *Medienpakete*, Arbeitsheft, Transparente, Filme, Lichtbilder, Lehrerheft mit Kopiervorlagen umfassend, gestatten eine intensive Einführung in die Luftbildinterpretation.

Luftbildfotos können aus den Verzeichnissen der Bildflüge ausgesucht und für die Bundesländer bei den Landesvermessungsämtern bzw. für die Bundesrepublik Deutschland vom Institut für Angewandte Geodäsie in Frankfurt bezogen werden. *Stereogramme* bzw. Triplets eignen sich unter Verwendung von einfachen Taschenstereoskopen zur dreidimensionalen Auswertung (s. CORDES 1973, 1974). Mögliche Bezugsquellen und Medien führt SCHROEDER-LANZ (1976) in einer umfangreichen, aber inzwischen bereits durch neuerschienene Luftbildarbeitsmittel speziell für die Schule nicht mehr vollständigen Liste, auf.

Neben dem Luftbild als Standbild bedeutet der Luftbildfilm als bewegtes Bild eine wesentliche Ergänzung für den Geographieunterricht. Das Standbild ermöglicht zwar den Schülern ein vertiefendes ‚Einsehen‘, was auch im gemeinsamen Unterrichtsgespräch geschult werden kann. Der Luftbildfilm vermittelt dagegen das Empfinden mitzufliegen. Durch den Kameraschwenk und durch das Heranfliegen an das Objekt gewinnt das Bild sowohl an Breite und als auch an Tiefe. Der Schüler sieht nicht nur wie beim Dia einen feststehenden Geländeausschnitt, sondern betrachtet sozusagen ein „lebendiges Dia“. Dieses erlaubt ihm, die vorgegebene geographische Struktur in ihrer räumlichen Verflochtenheit im Zusammenhang zu erkennen. Freilich fehlt dem reinen Luftbildfilm die Dynamik des typischen Unterrichtsfilmes. Die Stärke des Luftbildfilmes liegt in der uns ungewohnten Perspektive, aus der geographische Strukturen überschaut werden können.

Den Luftbildfilm gibt es in verschiedenen Varianten. *Luftbildarbeitsstreifen* ermöglichen auf Grund ihrer kurzen Laufzeit eine mehrmalige Projektion ganz oder teilweise in einer Unterrichtsstunde und lassen sich leichter dem lernzielorientierten Geographieunterricht zuordnen (GEIGER 1977). Durch den fehlenden Kommentar geht von diesen Super-8-Streifen eine größere Aufforderung zum selbsttätigen Beobachten aus. Die bisher hauptsächlich von der Landesbildstelle Rheinland-Pfalz herausgebrachten *Farbtonluftbildfilme* deutscher Landschaften bieten hervorragendes Bildmaterial (STRUNK; BOHMEIER 1968). Die im Sinne einer landeskundlichen Dokumentation konzipierten Filme kombinieren neuerdings Boden- und Luftaufnahmen miteinander, um Struktur und Substanz der Landschaft stärker zu verzahnen. Allerdings entspricht die vielschichtige Thematik dieser Filme heute nicht mehr ganz dem neuen Geographie-Curriculum.

2 Luftbildauswertung von Nördlingen – ein Unterrichtsbeispiel

Das gerade von Nördlingen recht umfangreiche Luftbildmaterial (als Dia, Buchbild, Wandbild, Arbeitstransparent, Arbeitsstreifen, Farbtonfilm und Medienpaket – 509012, FWU – vorhanden) kann im lernzielorientierten Geographieunterricht in verschiedener Weise genutzt werden. Einmal kann es dazu dienen, die Schüler in die Luftbildauswertung einzuführen. In diesem Fall stehen instrumentale Lernziele im Vordergrund. Nach der ersten Begegnung mit Luftbildern bei der Einführung in das Kartenverständnis im Sachunterricht der Grundschule, sollten die Schüler spätestens in der Orientierungsstufe in die Luftbildinterpretation eingeführt werden. Im Vergleich zum Gymnasium und zur Realschule kann dies in der Hauptschule etwas später, aber ebenfalls in der Orientierungsstufe, erfolgen (s. Tabelle 1).

Zum anderen eignet sich dieses Luftbild-Material hervorragend zur Erarbeitung kognitiver Lernziele in der Sekundarstufe I und II. ZITTLAU (1977) beschreibt seinen Einsatz zur Einführung in die Stadtgeographie.

Die Tabelle 1 skizziert grob den möglichen Unterrichtsverlauf für etwa zwei Unterrichtsstunden in der 5. Klasse. Sie informiert über die Lernziele und die diesen zugeordneten Unterrichtsformen und Medien. Aus den jeweils genannten Lernzielen könnten in dem angedeuteten Sinne noch Feinziele abgeleitet werden.

Dazu sollte unter *interpretieren* eine komplexe Fähigkeit verstanden werden, die stufenförmig über *beobachten*, *beschreiben* und *deuten* entwickelt werden kann. Beim Beobachten kommt es darauf an, daß die Schüler Wesentliches im Bild sehen lernen. Die Experimente und Beispiele (s. unten) zeigen, daß dies den Schülern der 5. Klasse nicht ohne weiteres gelingt. Die Beschreibung hat zum Ziel, erkannte wesentliche Bildinhalte in sprachliche, schriftliche oder (und) zeichnerische Form zu bringen und aus dem Bildganzen herauszulösen. Deuten wird hier als komplexe Fähigkeit verstanden, die die BLOMM'schen Kategorien Anwendung, Analyse, Synthese und Beurteilung umfassen kann.

Bei der Ergebnissicherung erscheint es in diesem Zusammenhang als sehr sinnvoll, die Schüler Strukturbilder des Bildinhaltes anfertigen zu lassen. Dabei prägt sich das Wesentliche des Luftbildes vertieft ein.

Diese selbstgefertigten Skizzen können auch dazu beitragen, das abstrakte Kartenbild besser zu begreifen. Umgekehrt beeinflußt aber auch das Kartenbild, das ja notwendigerweise Strukturen durch Symbole, Linien, Flächen oder Farben sehr stark betont, die Gestaltung von Luftbildskizzen. Aus diesem Grund ist hier auf eine enge Koppelung von Luftbild und Karte zu achten. Ganz bewußt ist aber im Unterrichtsverlauf die Verwendung der Karte erst nach der Ergebnissicherung eingeplant worden, um die Schüler möglichst unbeeinflußt eigene Vorstellungen entwickeln zu lassen.

Wichtig erscheint schließlich auch eine vergleichende Bewertung der verschiedenen Luftbilder durch die Schüler selbst (s. Tabelle 4). Die Schüler können selbst Vorteile und Nachteile des Senkrechtluftbildes erkennen und dabei die zunächst vorhandene stärkere Zuwendung zum Schrägluftbild (s. Tabelle 3) etwas abbauen.

Tab. 1: Einführung in die Interpretation von Luftbildern – Unterrichtsverlaufstruktur (Klasse 5)

Unterrichtsschritte	Aufforderungen Lernziele Die Schüler sollen . . .	Unterrichtsorganisation	Unterrichtsverfahren	Medien
1. Einstieg, Motivation	„Wir entdecken eine fremde Stadt vom Hubschrauber aus"	Frontalunterricht	Unterrichtsgespräch Filmdarbietung	Luftbildarbeitsstreifen „Nördlingen" FWU 36 0634
2. Zielangabe	Wir interpretieren (beobachten, beschreiben und deuten) Luftbilder	Frontalunterricht	Unterrichtsgespräch	
3. Erarbeitung	. . das Schrägluftbild einer Stadt interpretieren können.	Stillarbeit Frontalunterricht	Arbeitsunterricht Unterrichtsgespräch	Dia 1: Schrägluftbild von Nördlingen FWU 10 9012.1 Nr. 2
	. . . das Senkrechtluftbild einer Stadt interpretieren können.	Stillarbeit Frontalunterricht	Arbeitsunterricht Unterrichtsgespräch	Dia 2: Senkrechtluftbild von Nördlingen FWU 10 9012.1 Nr. 1 evtl. weitere, vergrößerte Bildausschnitte FWU 10 9012.1 Nr. 3, 4, 5, 6, 7, 9
4. Ergebnissicherung	. . . Strukturbilder des Luftbildes zeichnen können.	Stillarbeit Frontalunterricht	Schülerzeichnen Schülerdemonstration	Dia 2 Folie: von Schülern gefertigte Strukturskizze
5. Anwendung	. . . Luftbild und Karte miteinander vergleichend auswerten können.	Stillarbeit Frontalunterricht	Arbeitsunterricht Unterrichtsgespräch	Atlas: Diercke S. 37,6
6. Bewertung	. . . Schrägluftbild und Senkrechtluftbild vergleichend beurteilen können.	Arbeit in Kleingruppen Frontalunterricht	Arbeitsunterricht Unterrichtsgespräch	Dia 1 + 2 Tafel

3 Luftbilder aus der Sicht der Schüler

Wer mehr weiß, der sieht auch mehr. Diese alte Erfahrung gilt erst recht bei der Luftbild-Auswertung. Aus diesem Grund wird der erfahrene Lehrer Luftbilder mit ganz anderen Augen sehen als seine Schüler. Mit Geschick muß er sich erst in die Vorstellungswelt der Schüler einfühlen, um sie danach anzuleiten, wesentliche Strukturen aus dem Bildinhalt herauszuschälen.

Wie sehen und wie bewerten denn unsere Schüler die Luftbilder? Zahlreiche Fragen lernpsychologischer Art schließen sich hier an, unter anderem:
– Erkennen Schüler wesentliche Strukturen oder haften sie am Vordergründig-Nebensächlichen?
– Worauf richtet sich beim Betrachten von Luftbildern das Interesse der Schüler?
– Sehen Jungen und Mädchen Luftbilder anders?
– Ist das Verständnis von Luftbildern alters- oder stufenspezifisch?
– Wie beeinflußt die Intelligenzstruktur die Fähigkeit, Luftbilder zu interpretieren?
– Wie bewerten Schüler das Senkrechtluftbild im Vergleich zum Schrägluftbild?

In diesem Zusammenhang ist auf die Arbeiten von SPERLING (1968, 1969, 1970) hinzuweisen, der auf lernpsychologische Fragen beim Einsatz von Luftbildern ausführlich eingeht. Seine Ergebnisse beruhen auf der Auswertung von Schülerarbeiten, zum Thema: Wie ich mir meine Stadt aus der Luft vorstelle. Zur Ergänzung und zum Vergleich zu diesen Untersuchungen sind natürlich weitere Experimente wichtig, bei denen Schülern konkrete Luftbilder bzw. Luftbildfilme vorgeführt wurden und anschließend geprüft wurde, wie die Schüler Luftbilder sehen und bewerten. Im Rahmen dieser Studie kann allerdings nicht auf alle genannten Fragen eingegangen werden. Es soll im folgenden über zwei Experimente im Herbst 1976 und im Sommer 1977 in 5. Klassen berichtet werden.

3.1 Wie sehen Schüler Luftbilder?

Um dieser Frage nachzugehen, wurde vom Verfasser im Herbst 1976 in 13 Klassen (5. Klassenstufe, 5 Hauptschul-, 4 Realschul- und 4 Gymnasialschulklassen) ein Experiment durchgeführt, an dem insgesamt 426 Schüler teilnahmen. In einer Unterrichtsstunde wurde ein Luftbild-Arbeitsstreifen zweimal hintereinander ohne Kommentar vorgeführt. In der restlichen Zeit der Stunde sollten die Schüler das Wesentliche des Films zeichnen. Der eingesetzte Film

43

Ostfriesische Marsch (36 0624, FWU, 5 min., farbig, stumm) zeigt in einem Flug über das Watt die Maßnahmen der Neulandgewinnung, den Hauptdeich und das Marschengebiet mit der Wurtsiedlung Rysum westlich von Emden. Die 5 Filmabschnitte lassen in langen Einstellungen einfache Strukturen (Lahnungsfelder, Blockflur der Marsch, Rundwurt), die regelrecht zum Zeichnen reizen, deutlich hervortreten. Damit die Schüler völlig unvoreingenommen den Film beobachten, wurde zum Filminhalt nichts ausgesagt. Auch vom Unterricht her war den Schülern das Gebiet, aus dem die Filmaufnahmen stammten, nicht bekannt.

In den Zeichnungen der Schüler spiegelt sich wider, wie sie die Luftbilder aufnahmen und geistig verarbeiteten. Da die Zeichnungen aus dem Gedächtnis angefertigt wurden, verrieten sie zugleich, in welcher Form sich das Luftbild einprägte und welche Filmmotive ansprechend waren. Die Zeichnungen konnten den folgenden vier Kategorien und Zwischenstufen zugeordnet werden (s. Abbildung 1 – 4):

1. *phantasierendes Sehen:*
Der Film regt die Phantasie an, der Schüler zeichnet, was er im Film nicht gesehen hat.

2. *objektbezogenes Sehen:*
Konkrete, reale Zeichnung vom Boden aus, einzelne Objekte werden aus dem Zusammenhang gelöst und detailreich gezeichnet.

3. *strukturierendes Sehen:*
Einzelne Raumstrukturen werden erkannt und isoliert aus der Vogelperspektive gezeichnet.

4. *strukturierend-funktionales Sehen:*
Mehrere Strukturen werden in ihrem räumlichen Zusammenhang dargestellt.

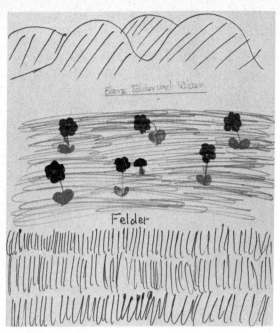

Abb. 1: phantasierendes Sehen Ulla M. (10,7 Jahre) – verkleinerte Schülerzeichnung –

Abb. 2: objektbezogenes Sehen Eveline M. (10,1 Jahre) – verkleinerte Schülerzeichnung –

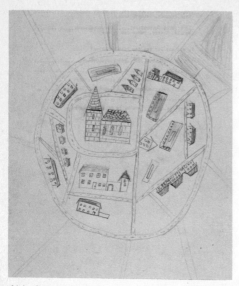

Abb. 3: strukturierendes Sehen Oliver S. (10,9 Jahre) – verkleinerte Schülerzeichnung –

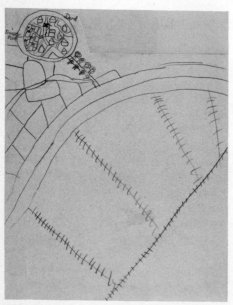

Abb. 4: strukturierend-funktionales Sehen Peter P. (10,7 Jahre) – verkleinerte
Schülerzeichnung –

46

Tab. 2: Von Schülern der 5. Jahrgangsstufe verschiedener Schularten aus dem Gedächtnis angefertigte Darstellungen von Motiven eines Luftbildfilmes

	Darstellungsform*						
	I	I/II	II	II/III	III	III/IV	IV
Gesamtgruppe N = 426 = 100 %	18	9	110	122	99	46	22
	6,3%		54,5%		34,0%		5,2%
Hauptschulen N = 152 = 100 %	10	3	(56)	47	30	6	0
	8,6 %		67,7 %		23,7 %		0,0 %
Realschulen N = 124 = 100 %	4	4	27	(38)	35	11	5
	6,5 %		52,4 %		37,1 %		4,0 %
Gymnasien N = 150 = 100 %	4	2	27	(37)	34	29	17
	4,0 %		42,7 %		42,0 %		11,3 %

* I phantasierend III strukturierend
II objektbezogen IV strukturierend-funktional

Die Tabelle 2 stellt die ersten Ergebnisse dieser Untersuchung dar. Wenn man davon ausgeht, daß Luftbilder vorwiegend aus der Bodensicht kaum wahrnehmbare geographische Strukturen sichtbar machen sollen, dann fällt dies den Schülern der 5. Jahrgangsklasse offensichtlich noch sehr schwer. Über 60% der Schüler wählen Darstellungsformen, bei denen Einzelphänomene (Fahrzeuge, Häuser, Menschen, Tiere, Bäume u. ä.) aus der vertrauten Bodensicht gezeichnet werden (Abbildung 2). Eine Teilgruppe (6,3%) zeichnet dabei sogar Dinge, die im Film überhaupt nicht zu sehen waren (Abbildung 1). Bei diesen beiden Schülergruppen ist ein noch enger Personal-Bezug zum Gesehenen gegeben. Eine große Anzahl der Arbeiten konnte der Zwischengruppe 2/3 zugeordnet werden. Sie deuten darauf hin, daß ein Großteil der Schüler mit sich ringt, vom personalen Bezug weg zu einer stärkeren Versachlichung zu gelangen. Hier läßt sich durch Schulung ein vertieftes Verständnis der Luftbilder erreichen.

Immerhin erkennt rund ein Drittel der Schüler die im Film dargestellten Strukturen völlig selbständig (Abb. 3). Ein weiterer Teil (5,2%) gelangt dabei zu Darstellungen, die neben der Struktur auch die räumliche Ordnung erkennen läßt. Obwohl die Schüler keine Karte sahen, entstanden diese kartenähnlichen Darstellungen (Abb. 4), die bereits auf eine hohe Abstraktionsfähigkeit hinweisen.

Wie die Luftbilder von den Schülern gesehen werden, ist offensichtlich weniger eine Frage des Alters. Dazu streuen die Arbeiten innerhalb der Jahrgangsklassen zu sehr. Vielmehr ist dies primär abhängig vom geistigen Entwicklungsstand. Von daher sind die schulartspezifischen Unterschiede, die sich in der Tabelle 2 ausdrücken, auch gut verständlich.

Konsequenz dieses Versuches:

Die Luftbildinterpretation im obigen Sinn erfordert von seiten der Schüler eine gewisse Abstraktionsfähigkeit. Dazu sind ohne Hilfen zu Beginn des 5. Schuljahres über die Hälfte der Gymnasialschüler, aber nur rund ein Viertel der Hauptschüler fähig.

Für den Lehrer leitet sich daraus die Erkenntnis ab, daß die Schüler in seiner Klasse Luftbilder aus sehr unterschiedlicher Sehweise aufnehmen. Diese schwankt zwischen naivem Ansehen (Abb. 1) und stark abstrahierendem Erfassen funktional verbundener Strukturen (Abb. 4). Durch Schulung läßt sich bei einer großen Gruppe gerade in diesem Jahrgang das Verständnis von Luftbildern weiter entwickeln.

3.2 Senkrecht- oder Schrägluftbild

Wie bewerten Schüler das Senkrechtluftbild und das Schrägluftbild im Vergleich? Welche Art eignet sich besser zur Interpretation im Unterricht? Diesen Fragen diente ein weiteres Experiment im Juli 1977 in einer 5. Klasse eines Gymnasiums in Landau.

In der ersten Unterrichtsstunde wurde die Klasse in zwei gleichwertige Gruppen eingeteilt. Durch eine entsprechende Sitzordnung und Aufstellung der Projektoren war es möglich, daß die eine Gruppe nur das Senkrechtluftbild von Nördlingen (Abbildung 5) und gleichzeitig die andere Gruppe nur das Schrägluftbild von Nördlingen (Abbildung 6) sah. Die Schüler sollten dann in 10 Minuten auf einem Testbogen aufschreiben, was sie auf dem Bild alles erkennen konnten. Die beiden Dias gehören zu der Diaserie in dem von ZITTLAU (1977) bearbeiteten Medienpaket (50.9012.2, FWU) und stellen in etwa den gleichen Bildausschnitt dar. Den Schülern waren die Bilder bis dahin nicht bekannt. Auf dem nächsten Testbogen konnten sie einen Kartenausschnitt (Diercke-Weltatlas S. 37,6) mit dem Luftbild vergleichen. Mit seiner Hilfe sollten weitere Beobachtungen im Luftbild niedergeschrieben werden. In der folgenden Unterrichtsstunde sahen alle Schüler beide Luftbilder gleichzeitig. Auf einem dritten Testbogen sollten sie ihre Meinung äußern, auf welchem Luftbild sie sich besser zurecht finden bzw. auf welchem sie mehr Einzelheiten erkennen konnten. Zum Schluß zeichneten alle Schüler ohne Hilfen eine Skizze von Nördlingen.

Abb. 5: Senkrechtluftbild des Stadtkerns von Nördlingen (Bild aus der Serie 10 9012.1 Nr. 1, FWU)

Abb. 6: Schrägluftbild des Stadtkerns von Nördlingen (Bild aus der Diaserie 10 9012.1 Nr. 2, FWU)

49

Die Luftbildbeschreibungen fielen in beiden Gruppen recht gut aus. Zwei im Text unveränderte Beispiele mögen dies belegen. Silke H., 11 Jahre, beschreibt das Senkrechtluftbild (Abb. 5) wie folgt:

„Man sieht eine Stadt mit Stadtmauer. Die Stadt ist rund zusammen gefast. Deutlich erkennt man die Straßen, die aus der Stadt hinausführen. Ein Autobahn befindet sich rechts neben der Stadt. In der Mitte der Stadt befindet sich eine Kirche. Um die Stadt herum sind Industriegebiete angesiedelt. Links in dem oberen Teil außerhalb der Stadt sind Felder angelegt. An dem linken Flügel ist ein Friedhof. Die Häuser bilden Reihen. Rechts außerhalb der Stadt ist ein Park angelegt. Links oben ist ein abgesägter Wald zu erkennen. Ein Tennisplatz ist rechts oben" (12 Beobachtungspunkte).

Eva G., 11 Jahre, beschreibt das Schrägluftbild (Abb. 6) wie folgt:

„Die Stadt ist kreisförmig angelegt. Um den Ring der Stadt ist ein Streifen, der aus Wald und Wiese besteht. Im Hintergrund rechts ist ein Friedhof zu sehen. Ungefähr im Mittelpunkt der Stadt ist eine Kirche zu sehen. Um die vordere Hälfte der Stadt führt eine dreispurige Straße. Im linken Teil der Straße zwischen Stadt und Straße ist ein großer asphaltierter Platz, auf dem große Häuser, vielleicht Kaufhäuser stehen. Im unteren mittleren Teil der Straße zweigt eine Nebenstraße ab, die einen Bogen beschreibt. Im Mittelpunkt der Straße ist ein großer Platz. Vor dem Kaufhaus stehen viele Autos. Die Kirche im Mittelpunkt besitzt auf der einen Seite 8 Fenster" (11 Beobachtungspunkte).

Beide Beschreibungen erfassen Wesentliches und zeigen, daß die Schüler in der Lage sind, den Bildinhalt zu erfassen. Es wird aber auch deutlich, inwieweit das Senkrechtluftbild den Blick stärker auf die Verkehrsstruktur und die Flächennutzung lenkt als das Schrägluftbild. Dagegen verleitet das Schrägluftbild stärker, den Vordergrund und damit manches Nebensächliche zu beobachten. Aus diesem Grund erscheint in diesem Fall das Senkrechtluftbild geeigneter als das Schrägluftbild.
Die beiden Tabellen 3 und 4 stellen die Ergebnisse dieses Experiments dar. Die Gruppe, die mit dem Senkrechtluftbild arbeitete, erreichte dabei eine etwas höhere Punktbewertung als die Vergleichsgruppe (Tabelle 3).
Die Befragung der Schüler ergibt eine stärkere Bevorzugung des Schrägluftbildes (Tabelle 4). Die Begründungen dafür sind in der Tabelle 4 zu typischen Schülermeinungen zusammengefaßt. Dennoch bevorzugen die Schüler bei ihren Skizzen Darstellungen mit kombiniertem Grund- und Aufriß oder reine Grundrißzeichnungen. Nur wenige wenden bereits perspektivische Formen an. Die perspektivische Darstellung entspricht aber auch einer diesem Alter erst folgenden Entwicklung (s. SPERLING 1968).

Tab 3: Senkrechtluftbild und Schrägluftbild im Vergleich

	Gruppe mit Senkrechtluftbild N = 17	Gruppe mit Schrägluftbild N = 17
Beobachtungspunkte		
Gesamtsumme	247	237
Mittel je Schüler	14,5	13,9
zusätzliche Beobachtungs-		
punkte mit Kartenhilfe		
Gesamtsumme	70	58
Mittel je Schüler	4,1	3,4
,,ich finde mich besser zurecht"		
beim Senkrechtluftbild	10	5
beim Schrägluftbild	7	12
,,ich erkenne mehr Einzelheiten"		
beim Senkrechtluftbild	2	2
beim Schrägluftbild	15	15
Zeichnung von Nördlingen aus		
dem Gedächtnis		
im Grund- und Aufriß	6	5
nur im Grundriß	9	9
perspektivisch	2	3

Tab. 4: Bewertung von Senkrechtluftbild und Schrägluftbild durch Schüler einer 5. Jahrgangsklasse

,,ich finde mich auf dem Senkrecht-luftbild besser zurecht, weil . . ." ,,ich erkenne auf dem Senkrecht-luftbild mehr, weil . . ."		,,ich finde mich auf dem Schräg-luftbild besser zurecht, weil . . ." ,,ich erkenne auf dem Schräg-luftbild mehr, weil . . ."	
,,man sieht das Straßennetz besser"	9	,,man sieht die Straßen und Häuser besser"	26
,,man kann Straßen und Häuser besser erkennen"	8	,,Es ist weiter unten aufge-nommen, man kann die Gebäude besser erkennen"	16
,,wenn ich durch die Stadt ginge, wäre das Senkrecht-luftbild besser"	6	,,man kann sehen, ob etwas hochsteht"	6
,,man hat einen viel besseren Überblick"	3	,,man sich besser auskennt"	2
Summe	25	Summe	50
davon von Schülern aus der Gruppe mit dem Senkrecht-luftbild	16	davon von Schülern aus der Gruppe mit dem Senkrecht-luftbild	24

Konsequenz dieses Versuches:
Die Frage Senkrechtluftbild oder Schrägluftbild kann hier nicht grundsätzlich entschieden werden. Dies stellt sich von Bild zu Bild möglicherweise anders dar. An diesem Beispiel wird jedoch klar, daß das Senkrechtluftbild, obwohl von den Schülern der ungewohnteren Sicht wegen nicht bevorzugt, das Vordergründige unterdrückt und Strukturen hervorhebt. Damit dient es dem auf Versachlichung gerichteten Unterricht mehr. Das Schrägluftbild spielt dennoch eine wichtige Rolle, wo von der konkreten Anschauung zum Verständnis abstrakter Karten hingeführt werden soll. Der Weg führt dort sinnvollerweise vom Bodenbild über das vertrautere Schrägluftbild (Tabelle 4) und dann über das Senkrechtluftbild schließlich zur Karte.

4 Literatur

CORDES, G.: Arbeitsmittel Luftbild. Zur Praxis der Anwendung und Beschaffung von Luftbildern. In: Neue Wege im Unterricht. Bochum, 23, 2/1972, S. 74 – 89.

CORDES, G.: Das dreidimensionale Luftbild. In: Geographische Rundschau. Braunschweig 1973.

CORDES, G.: Stereoskopische Luftbilder zur Einführung in das Kartenverständnis. In: Geographische Rundschau. Braunschweig 1974, Beiheft 1, S. 55 – 64.

CORDES, G.; LEIBOLD, M.: Das Senkrecht-Luftbild: In: Neue Wege im Unterricht. Bochum, Jhg. 25, 1974, S. 231 – 240.

ERNST, E.: Das Luftbild im Unterricht. In: Der Erdkundeunterricht. Stuttgart, Heft 10/1969, S. 53/80.

FRICKE, W.; VÖLGER, K.: Einführung in die Methodik der Interpretation von Luftbildern, ihre technischen Bedingungen und Reproduzierbarkeit. In: Der Erdkundeunterricht. Stuttgart, Heft 10, 1969, S. 23 – 25.

GEIGER M.: Nördlingen. Filmbegleitkarte zum Luftbildarbeitsstreifen 36 0634. FWU, Grünwald 1977.

GEIGER, M.: Luftbild-Arbeitsstreifen im lernzielorientierten Geographieunterricht. In: AV-Information. Grünwald, Heft 1, 1977, S. 3 – 10.

GIERLOFF-EMDEN, H. G.; SCHROEDER-LANZ, H.: Luftbildauswertung. Bd. I – III. Mannheim/Wien/Zürich 1970.

HORNBERGER, Th.: Das Luftbild im Erdkundeunterricht. In: Film – Bild – Ton. München 1968, S. 5 – 9.

HÜBNER, H.-J.: Luftbild-Senkrechtaufnahmen Deutschland. Begleittext zum Luftbild-Transparentsatz. Stuttgart o.J.

KOCH, K.: Die Luftaufnahme als Diapositiv oder Laufbild? In: Film – Bild – Ton. München 2/1966.

RICHTER, G.; MÜLLER, M.: Luftbild-Interpretation. Landschaftstypen und Landschaftsräume der Bundesrepublik Deutschland: Der Norden. Lehrerheft. Düsseldorf 1976.

SCHÄFER, P.: Nördlingen im Ries. Begleittext zum Arbeitstransparent. (Hagemann) Düsseldorf 1972.

SCHNEIDER, S.: Das Luftbild als Hilfsmittel in der geographischen Arbeit. In: Der Erdkundeunterricht. Stuttgart, 10/1969, S. 5 – 22.

SCHNEIDER, S.: Luftbild und Luftbildinterpretation. In: Lehrbuch der Allgemeinen Geographie. Berlin, Bd. XI 1974.

SCHROEDER-LANZ, H.: Lehrmaterial zur Fernerkundung. In: Geographische Rundschau. Braunschweig, Jg. 28 1976, S. 114 – 116.

SPERLING, W.: Kindliche Luftbildnerei – Auswertung und Folgerungen eines Experiments. In: Film – Bild – Ton. München 1968, S. 10/21.

SERLING, W.: Ein Beitrag zu psychologischen Fragen der Arbeit mit dem Luftbild im Schulunterricht. In: Der Erdkundeunterricht. Stuttgart 10/1969, S. 36/52.

SPERLING, W.: Psychologische und didaktische Überlegungen zum Luftbild als Arbeitsmittel in Grund- und Hauptschule. In: Bildmessung und Luftbildwesen. Karlsruhe, 5/1970, S. 321.

STRUNK, E.; BOHMEIER, B.: Überlegungen zur Dokumentation des Bundeslandes Rheinland-Pfalz im Farbschrägluftbild. In: Film – Bild – Ton. München 1968, S. 22/26.

ZITTLAU, W.: Flug über Nördlingen. Begleitkarte zum Film 32 2645, FWU. München-Grünwald 1976.

ZITTLAU, W.: Nördlingen – Einführung in die stadtgeographische Luftbildinterpretation. Begleittext zum Medienpaket 50 9012.2, FWU. München-Grünwald 1977.

Thematische Karte und Modell in der Arbeitsprojektion

Das Arbeitstransparent als Informationsträger, um Lernprozesse zu motivieren und zu leiten, ist das umfassende Problemfeld der vorliegenden Überlegungen. Inhaltliche Eingrenzung und Perspektive erfahren sie in der Frage: Wie sind thematische Karten und Modelle auf Transparenten didaktisch-methodisch sinnvoll im Geographieunterricht einzusetzen?

Die grundsätzlichen Aussagen dazu werden induktiv entwickelt:

- Konkrete Unterrichtsbeispiele zeigen exemplarisch mögliche didaktische Einsatzorte und Funktionen dieser Medien auf.
- Die anschließende Analyse und Diskussion begründet die Verlaufsstruktur des Unterrichts und eruiert Alternativen.
- Thesen über Wert und Leistung der thematischen Karte und des Modells fassen zusammen und erhellen mögliche medientheoretische Aspekte.

Den notwendigen Begründungskontext bilden Aussagen zur problemorientierten Zielsetzung modernen Geographieunterrichts und der korrespondierenden Strukturanalyse geographischer Lerninhalte.

1 Zum Einsatz thematischer Karten auf Transparenten

1.1 Unterrichtsbeispiel – Leitthema: Landwirtschaft (6. Jahrgangsstufe)

Hauptziel: Einsichten in die ökonomisch bedingten Strukturveränderungen eines landwirtschaftlichen Betriebes gewinnen.

Teilziele: 1. Aus dem Vergleich von Flächennutzungs- und Gebäudefunktionskartierungen wesentliche Unterschiede der Betriebsorganisation eines traditionellen und modernen Bauernhofes erkennen.

2. Spezialisierung, Mechanisierung, Rationalisierung und Flurzusammenlegung als grundsätzliche Aspekte der Veränderung inhaltlich erfassen.

3. In originaler Begegnung erfaßte Daten und Informationen medial zu kartographischen Arbeitstransparenten aufbereiten.

Strukturverlauf der Unterrichtssequenz

Phasen/Lernschritte
Unterrichtsverlauf mit Aktions- und Sozialformen, Medien und organisatorischen Maßnahmen

Motivation und Problemstellung

Einstieg
Stummer Impuls: Das Schaubild über den Vergleich von landwirtschaftlicher Produktionskapazität und Anzahl der in der Landwirtschaft Beschäftigten von 1950 und 1970. (Abb. 1 wie alle Abbildungen im Anhang) wird projiziert.

Problematisierung
Die Schüler verbalisieren die im Schaubild enthaltenen Fakten. Wesentliche Aussagen werden auf dem Transparent fixiert – ebenso die Problemfrage: Durch was/Wie ist das möglich?

Hypothetisierung
Vermutungen werden geäußert, wie z. B. bessere Düngemittel, leistungsstärkere Maschinen, ertragreichere Pflanzensorten oder größere Flächennutzung.

Erarbeitung

Arbeitsplanung
Auf die Frage des Lehrers, wie man die Richtigkeit der Vermutungen überprüfen könne, bzw. die genauen Gründe zu erfahren seien, schlagen die Schüler unter zielsteuernder Impulsgebung des Lehrers vor, die Produktionsweise eines Bauernhofes der fünfziger Jahre mit der eines modernen landwirtschaftlichen Betriebes zu vergleichen.

Zielstellung:
Wir wollen feststellen, wie man früher auf einem Bauernhof arbeitete (produzierte), und wie dieses heute geschieht!

Die Schüler erfahren, daß die heutige Produktionsweise „von Ort", d.h., durch einen Unterrichtsgang zu einem modern strukturierten landwirtschaftlichen Betrieb kennengelernt – die Arbeitsweise des gleichen Hofes vor etwa 20 Jahren sofort im Unterricht aufgezeigt wird.

Erkenntnisgewinnung
Einsatz der Arbeitstransparente (Abb. 2 und 3): Anhand der Flächennutzungskarte können Anbauprodukte sowie Größe und Lageverteilung der Nutzfläche, aus der Gebäudefunktionskartierung, die Tierhaltung und die Geräte- und Lagerräume erkannt werden. Zahlenmäßige Ergänzungen erhellen die den Karten zu entnehmenden Informationen.

Ergebnisse
Z.B. verstreute Besitzlage, wenig Geräte und Maschinen, viele verschiedene Anbausorten und Tierarten, zwei am Hof wohnende Arbeitskräfte (Knecht und Magd), und andere mögliche Schüleraussagen werden auf der Rollfolie notiert.

Vorbereitung der Betriebsbesichtigung
Aufträge an die Schüler:
– Anfertigen einer Skizze der heutigen Gebäudefunktionen sowie der heutigen Flächennutzung.
– Befragung des Landwirtes hinsichtlich der veränderten Produktionsweise.

Beim letzten Arbeitsauftrag sind Fragen zum Kostenaufwand, zu den Einnahmen und Absatzmöglichkeiten von besonderer Bedeutung.

Durchführung der Betriebsbesichtigung
Die Skizze der Gebäudefunktionen kann von den Schülern selbst erarbeitet werden. Der Landwirt erläutert die Flächennutzung und stellt sich während des Rundganges den vorbereiteten Fragen.

Ergebnisauswertung
Die skizzenhaft erfaßten Informationen aus der originalen Begegnung mit dem Unterrichtsgegenstand werden zu thematischen Karten umgearbeitet. Vorgegeben sind nur die Grundrisse der Gebäude, bzw. die Fläche der Flur. Symboleintragungen und Beschriftung erfolgen im gemeinsamen Klassengespräch, wobei einzelne Schüler die besten Vorschläge in das vorbereitete Arbeitstransparent eintragen. (Abb. 4 und 5)

Vergleich zur weiteren Erkenntnisgewinnung
Die so erstellten Gebäudefunktions- wie Flächennutzungskarten werden mit denen von 1950 verglichen, Unterschiede herausgestellt, die Veränderung verbalisiert, indem sie beschrieben und, unter Einbeziehung der Befragungsergebnisse, begründet wird: Mögliche Aussagen wie – „Die Felder sind durch ihre Zusammenlegung größer und können deshalb einfacher bearbeitet werden" – oder – „Bei weniger Anbauprodukten lohnt sich auf großen Feldern der Einsatz von Maschinen besser" – oder – „Die große Zahl an Mastbullen und die durch den Verkauf zu erzielenden Einnahmen lohnen eine Schwemmentmistung" – oder – „Die 6000 Hühner sind nur in einer Legebatterie rentabel zu halten" – oder – „Die wenigen angebauten Feldfrüchte werden fast ausschließlich zur Futterverwertung verwendet" – werden gesammelt, durch Lehrerimpulse ausgeweitet, vertieft, ergänzt und unter zentralen Begriffen wie Spezialisierung, Mechanisierung, Rationalisierung, Flurbereinigung zusammengefaßt, systematisiert und in das Arbeitstransparent (Abb. 1) eingetragen. Die Schüler übertragen diese Begriffe in das ihnen vorliegende Arbeitsblatt – einem Abdruck des Transparents – ebenso wie die gemeinsam erstellten Kartierungen (Abb. 4 und 5), die dann Überschriften erhalten.

Sicherung/Lernzielkontrolle

Hausaufgabe
Die Schüler ordnen jedem der vier zusammenfassenden Begriffe, die jene Veränderung in der landwirtschaftlichen Betriebsorganisation kennzeichnen, konkrete Inhalte aus dem Unterrichtsbeispiel zu und/oder überlegen sich eigene treffende Beispiele. In eigenen Worten ist jeder der vier Begriffe zu erklären. Die so erstellten Konkretisierungen der abstrakten Komplexa werden der Klasse vorgestellt, für die besten Formulierungen argumentiert und dann in das Transparent, bzw. Arbeitsblatt (Abb. 1) eingetragen.

1.2 Didaktisch-methodische Diskussion der Unterrichtssequenz

Drei grundlegende Komponenten analysiert lernzielorientierte Unterrichtsplanung:
– *Struktur des Gegenstandes:*
  Elementarisierung und Bildung von Schwerpunkten fordern sachlogisch richtiges Erfassen der Gegenstandsstruktur und -schichtung.

– *Sozial- und individualpsychologische Voraussetzungen:*
Eruiert werden Erfahrungshorizont und Lernniveau der Klasse sowie die Lernfähigkeit des einzelnen Schülers.
– *Methodische Verlaufsstruktur des Unterrichts*
Zu leisten ist hier die Organisation sinnvoller Lernschritte – sei es im Hinblick auf motivierte Informationsaufnahme und -verarbeitung, mediale oder originale Auseinandersetzung mit dem Gegenstand, Einsatz von Einzel-, Partner- oder Gruppenarbeit, Sicherung oder Transfer der Einsichten und Erkenntnisse, bzw. der Lernwege oder fachgerechten Arbeitsweisen, die erkenntnisbedingend sind.

In der hier zu leistenden Begründung der methodischen Struktur des Unterrichtsaufbaues können die angesprochenen Planungskomponenten nicht umfassend ausdifferenziert werden; denn im vorgegebenen Rahmen steht die Frage nach Wert und Leistung der thematischen Karte auf dem Arbeitstransparent zentral. Sie zu beantworten scheint allerdings unmöglich, ohne ständige Bezüge zu und Ableitungen aus diesen Bestimmungselementen unterrichtlicher Analyse vorzunehmen. Wie und wodurch leiten die auf dem spezifischen Informationsträger Arbeitstransparent dargestellten Karten Erkenntnisprozesse über den zu erfassenden Gegenstand? Welche „Schichten" des Gegenstandes können kartographisch überhaupt optimal repräsentiert werden – welche können medial anders oder gar original veranschaulicht werden? Und – weiterführend – inwieweit könnten die verwendeten Karten an anderen didaktischen Orten andere didaktische Funktionen erfüllen? Begründungen also zunächst für die unterrichtssteuernden didaktischen Leistungen und deren Einbettung, Absicherung durch andere Medien, dann alternative Einsatzmöglichkeiten.

Die Verlaufsstruktur der Unterrichtssequenz ist durchgängig als induktiv-synthetisch zu kennzeichnen: Abstrakte, komplexe Begriffe stehen am Ende – direkte Anschauung, strukturierte Informationsaufnahme und problemorientierte Verarbeitung leiten den Lernprozeß, konkretisieren inhaltlich den Strukturwandel landwirtschaftlicher Betriebsorganisation.

Daß es innerhalb der letzten zwanzig Jahre eine Veränderung in der Landwirtschaft gegeben haben muß, verdeutlicht den Schülern der Einstieg: Die im Schaubild (Abb. 1) dargestellten Fakten sind einfach, prägnant, deshalb motivierend für das Aufwerfen der Problemfrage. Sie fordert die Suche nach Gründen, zunächst auf der Vermutungsebene. Mit den Erfahrungswerten und Vorstellungen einzelner Schüler wird der Problemhorizont der gesamten Klasse inhaltlich weiter aufgerissen. Neue Aktivierung erfolgt durch die Überlegung, auf welchem Weg am besten Erkenntnisse erzielt, Gründe gefunden werden könnten. Ein Vergleich, den Schülern schon in der Motivationsphase bewußt vorgestellt, drängt sich auf.

Wie sollte der Vergleich der Produktionsweise eines Bauernhofes der fünfziger Jahre und der heutigen Zeit didaktisch-methodisch aufbereitet sein, um bei den Schülern einen ökonomisch sinnvollen, sachstrukturell richtigen, die Zielsetzung des Unterrichts konsequent verfolgenden und die fachgerechten Arbeitsweisen ausbauenden Lernprozeß zu fördern?

Exkurs

Die „Bildungsrelevanz" der Geographie – so jedenfalls der fast einhellige Konsens über das neue Selbstverständnis des Faches – erwächst aus den Problemen der Auseinandersetzung des Menschen mit seiner räumlichen Umwelt. Raumprägende Wirkungen der Grunddaseinsfunktionen menschlicher Gruppen als Gegenstand geographisch-unterrichtlicher Erkenntnisgewinnung weist komprimiert auf die Aspekte der neuen Betrachtungsweise: Die Physiognomieebene hat ihren zentralen Anspruch verloren. Nicht mehr „Bilder" von Ländern oder Landschaften sind Ziel, sondern die Analyse räumlicher Exempla unter thematisch-problematisierender Orientierung, und zwar hinsichtlich
– der sie konstituierenden Elemente und Faktoren,
– den sich daraus ergebenden strukturalen Anordnungen und Verteilungsmustern,
– mit ihren funktionalen Wirkungsgefügen,
– den prozessualen Veränderungen
– und den sie bedingenden gesellschaftlichen Kräften, verhaltensmotivierenden Normen- und Wertfeldern.
Geographisches Beobachten fragt damit nach verorteten Einrichtungen menschlicher Verhaltensweisen, geographisches Denken versucht diese Verortung in ihrer Raumverteilung und strukturalen Anordnung, in ihrem Wirkungsgefüge kausaler Naturgesetzlichkeit und normativ bedingter Entscheidungen zu erklären.

1.3 Zur Begründung des Einsatzes thematischer Karten

Unschwer lassen sich in der Sachstruktur des vorliegenden Beispiels die angesprochenen Merkmale auffinden: Der Wandel der Betriebsorganisation ist genetisch-prozessual, struktural die Lageverteilung der Felder. Die Nutzung von Flur und Gebäuden weist auf Funktionen hin und nur normativ oder wertbezogen ist das ökonomische Prinzip der Rentabilität, in dem Spezialisierung, Rationalisierung, Mechanisierung und Flurbereinigung verankert sind, zu verstehen.
Für das Erkennen, Begreifen eines solch komplexen Problems sind Lernhilfen zu geben, Strukturierungen vorzunehmen, Vereinfachungen zulässig. Originale Begegnung, also direkte Anschauung, kann nur dann zur Arbeit „vor Ort" werden, wenn Betrachtungsperspektiven in der Vorbereitung herausgearbeitet und Operationalisierungstechniken aufgezeigt werden, die dann durch diese gezielte Informationsbe- und -verarbeitung Einsichten leichter ermöglichen.
Dieser Zusammenhang begründet den Einsatz thematischer Karten. Sie sind

zur Darstellung und Durchdringung komplexer Sachverhalte das rationellste und geographisch rationalste Arbeitsmittel, weil verschiedene Aspekte geographischer Gegenstände durch sie zu veranschaulichen sind. Auf das Beispiel bezogen: Das durch ikonische Symbolisierung niedrig gehaltene Abstraktionsniveau ermöglicht anschauliche Vorstellungen von einem landwirtschaftlichen Betrieb. Verteilung und räumliche Anordnung der Felder sowie die Nutzung von Flur und Gebäuden sind durch Generalisierung und Hervorhebung des zur Erkenntnis Notwendigen einsichtig darzustellen. Selbst die komplexen ökonomischen Begriffe können durch intensives Verbalisieren der in den Karten enthaltenen Fakten inhaltlich konkretisiert, in ihrer Wirkung auf die Raumstruktur aufgezeigt und damit begreifbar werden. (Vgl. ENGELHARDT, W.; GLÖCKEL, H. 1977)

1.4 Zur didaktischen Leistung der thematischen Karten

Fünf wesentliche didaktische Funktionen erfüllen die hier eingesetzten thematischen Karten im Lernprozeß des Schülers. Sie dienen im besonderen der *Kenntnisvermittlung:* Grundbegriffe eines landwirtschaftlichen Betriebes wie Flur, Anbausorten, Tierbestand, Maschinen, Lagerräume und Spezialeinrichtungen werden vermittelt.
Erkenntnisgewinnung: Das Vergleichen der Nutzungs- und Funktionskartierungen ermöglicht es, den Strukturwandel inhaltlich zu erfassen und Erkenntnisse über Spezialisierung, Mechanisierung, Rationalisierung und Flurbereinigung anzubahnen.
Vorstrukturierung: Beobachtungsaufträge für die originale Begegnung werden durch das vorherige Aufzeigen möglicher Inhalte verständlich und die Technik wird hinsichtlich der zeichnerischen Darstellung, Verwendung von Symbolen, Signaturen und Beschriftung, mit deren Hilfe die aus direkter Anschauung gewonnenen Fakten und Informationen selbständig in Karten umzusetzen sind, vorgestellt.
Vertiefung der fachspezifischen Arbeitsweisen Kartierung und Karteninterpretation.
Lernzielsicherung: Für die geforderte, nochmalige Konkretisierung der zusammenfassenden Begriffe sind die Karten unablässiges Anschauungsmaterial.

1.5 Zur Leistung des Arbeitstransparents

Karten sind nicht nur über das Transparent präsentierbar, sondern auch im Dia und Schulbuch, als Wandkarte und Tafelzeichnung oder auf großen Bögen

Packpapier. Ist es also vorteilhaft, Karten über Transparente zu projizieren, erhält der Schüler dadurch Lernhilfen? Mit wenigen Argumenten kann diese Frage bejaht werden:
- Wesentliches methodisches Mittel zur Erkenntnisgewinnung ist der Vergleich. Transparente erlauben die gleichzeitige Projektion zu vergleichender Karten.
- Die Konzentration ist in den Verbalisierungsphasen durch Abdeck- oder Hervorhebungstechniken auf das momentan Wichtige zu lenken.
- In Kombination mit der unterrichtsbegleitenden Rollfolie sind die Aussagen der Schüler dem entsprechenden Karteninhalt zuzuordnen, nach der Begriffsbildung auszublenden und, bei Bedarf, jederzeit wieder verfügbar.
- Auch Karten, die in bestimmten Phasen der Unterrichtsarbeit noch einmal zur Impulsgebung oder Informationsvermittlung notwendig sind, können problemlos wiederholt werden.
- Bei der selbständigen Erstellung der Karten durch die Schüler ist es vorteilhaft, daß Symbolisierungen, Zeichnungen und Erläuterungen in normaler Schriftgröße vorgenommen werden können, und dennoch ein relativ großflächiges, für die gesamte Klasse einsehbares Projektionsbild entsteht.
- Keine Schwierigkeiten bereitet den Schülern auch die Übertragung von der Projektion auf das Arbeitsblatt. Beide sind maßstabsgleich, weil das Arbeitsblatt ein Umdruck des Transparents ist.

Alternative Einsatzmöglichkeiten

Lernen an der Wirklichkeit ist der methodische Leitsatz der Unterrichtssequenz. Die Frage, die Alternativen überdenkbar macht, heißt: Welche didaktische Funktion haben die Karten ohne die originale Begegnung? Sicherlich nicht mehr die der Vorstrukturierung der Betriebsbesichtigung und selbständigen Aufbereitung der gesammelten Informationen zu Karten. Unbestreitbar sind sie jedoch notwendiger Informationsvermittler zur Erkenntnisgewinnung bei gleicher Unterrichtsthematik – ihr didaktischer Ort bliebe also die Erarbeitungsphase. Schwer vorstellbar ist der Einsatz dieser Karten zur Motivierung des Unterrichts – für einen Einstieg haben sie einen zu hohen Grad an Komplexität, als Hinführung stellen sie das Problem nicht klar heraus. Auch die Verwendung in der Sicherung oder Translation beschränkt sich auf eine wiederholende, vertiefende Betrachtung; denn warum sollten die zentralen Begriffe des Strukturwandels mühsam über andere Medien erarbeitet werden, um sie dann noch einmal anhand der Karten inhaltlich zu konkretisieren? Die Erarbeitung bleibt der didaktische Ort. Dort könnten sie allerdings modifizierter eingesetzt werden. Zur Erstellung wäre eine arbeitsteilige Gruppenarbeit denkbar – gut eingeschulte kartographische Arbeitstechniken sind dazu allerdings Voraussetzung. Auch die Auflösung der Komplexität, Gliederung durch Aufbau-transparente, wären in einem anderen didaktisch-methodischen Rahmen mög-lich.

1.6 Zusammenfassung

Exemplarisch sollte mit Hilfe des Unterrichtsbeispieles gezeigt werden, daß
- thematische Karten besonders gut geeignet sind, verschiedene Struktur-aspekte des geographischen Gegenstandes darzustellen, Informationen über ihn medial zu repräsentieren,
- Arbeitstransparente eine bessere Operationalisierung des Karteneinsatzes durch gute Vergleichbarkeit, Kombination mit der Rollfolie, Abdeck- und Hervorhebungstechniken und unproblematische Wiederholbarkeit ermög-lichen und für selbständige Kartierungen der Schüler ein leicht handhaba-res Arbeitsmittel sind.

2 Unterrichtsarbeit mit geographischen Modellen auf Transparenten

Nicht ausführliche Darstellung wie in Beispiel 1, sondern skizzenhafter Aufriß soll Anregungen zum Einsatz von Modellen im Geographieunterricht geben, oder mögliche Er- und Bearbeitung auf Arbeitstransparenten aufzeigen.

Um Mißverständnissen vorzubeugen: Unter Modell ist hier nicht die dreidi-mensionale, verkleinerte „Nachbildung" der Wirklichkeit gemeint – wie etwa ein Flugzeug-, oder, geographisch, ein Sandkastenmodell –, sondern unter Modell verstehen wir im vorliegenden Zusammenhang *den Versuch, der die Wirklichkeit durch vereinfachtes Abbilden beschreibt, darüber hinaus aber auch hypothetische Ansätze für Erklärungen enthält. Regeln und Gesetz-mäßigkeiten, in denen solche Erklärungssätze ausformuliert sind, sollen es über die Beschreibung hinaus ermöglichen, Prognosen zu stellen.* (Nach P. HAG-GET, 1973)

Diese Arbeitsdefinition zeigt die didaktische Relevanz von Modellen für einen thematisch orientierten Geographieunterricht auf: Regelhaftigkeiten und ge-setzliche Zusammenhänge zu erarbeiten, deren Struktur vereinfacht – abstra-hiert – abzubilden, zu beschreiben und – weiterführend – durch Veränderung von Variablen abgeleitete Gesetzmäßigkeiten begründet zu erklären – die An-bahnung solchen Denkens ist Ziel dieses Unterrichts.

Innovativ ist die Arbeit mit Modellen ebenfalls für die Modifizierung der me-thodischen Verlaufsstruktur: Der gängige Satz, auch Geographieunterricht habe induktiv vorzugehen, von konkreten Inhalten auf Abstrakta zu schließen, zu synthetisieren, wird relativierbar. Denn gerade Modelle erlauben den umgekehrten Weg – vom Abstrakten, Regelhaften Ableitungen vorzunehmen, zu deduzieren, um dann die neuen Ergebnisse am anschaulich Konkreten zu prüfen.

Zur Verdeutlichung zwei Unterrichtsskizzen:

2.1 Unterrichtsbeispiel 1 – Leitthema: Erholung (5. Jahrgangsstufe)

Lernziele:

1. Einrichtungen von Kurorten kennenlernen
2. Erarbeiten eines Modells der Funktionsgliederung von Kurorten
3. Ableitungen des Modells durch veränderte Lage (Naturfaktoren) erklären und an der Wirklichkeit überprüfen.

Unterrichtsverlauf

Zielstellung: Menschen machen zur Wiederherstellung ihrer Gesundheit eine Kur – welche Einrichtungen sind dazu notwendig?

Erarbeitung von Lernziel 1: In arbeitsteiliger Gruppenarbeit mit Kontrollgruppen werden aus Ortsplänen verschiedener Kurbäder (Bad Pyrmont, Badenweiler, Bad Kissingen, Bad Orb) die für eine Kur notwendigen Einrichtungen erarbeitet und unter Oberbegriffen wie Heil- und Kureinrichtungen, Unterkünfte, Einrichtungen zur Freizeitgestaltung, Geschäftsgebiete, eingeordnet.

Impuls zur Erarbeitung von Lernziel 2: Wie verteilen sich diese Einrichtungen – was liegt dicht beieinander, was zentral, was peripher? Jede Gruppe zeichnet einen stark vereinfachten Plan von der Verteilung der Einrichtungen des ihr vorliegenden Kurortes auf Folie. Vergleiche der Folien führen zu einem Modell über die Funktionsgliederung. Mit Hilfe von Aufbautransparenten wird es im Unterrichtsgespräch entwickelt (Abb. 6).

Impuls zur Erarbeitung von Lernziel 3: Verändert sich dieses Modell, wenn der Ort am Meer oder im Hochgebirge liegt? Denkt dabei an andere Möglichkeiten der Freizeitgestaltung! Die Schüler entwerfen in Gruppenarbeit neue, die veränderte Lage berücksichtigende Modelle und zeichnen diese auf Folie. Die einzelnen Gruppenmodelle werden durch Projektion vorgestellt, begründet und diskutiert. Im Vergleich mit den Ortsplänen eines Seebades (Borkum) und Luftkurortes (Mittenwald) werden die „richtigen" Modelle bestätigt, die Abweichungen vom Basismodell verbalisiert, dann auf ein Arbeitsblatt übertragen. (Abb. 6a und 6b).

2.2 Didaktisch-methodische Überlegungen

Von konkreten Inhalten (Kurbädern) werden wesentliche Strukturmerkmale (Einrichtungen zur Kur) abstrahiert und in ihrer räumlichen Anordnung modellhaft dargestellt. Die Veränderung einer Variablen (Lage am Meer, bzw. im

Hochgebirge) bedingt eine neue abzuleitende Regelhaftigkeit im räumlichen Strukturmuster. Diese ist zu begründen und durch Überprüfung an der Wirklichkeit zu konkretisieren. So stellt sich in wenigen Stichworten der Unterrichtsverlauf, besser, der Lernweg, dar.

Modell und Arbeitstransparent erfüllen dabei zentrale lernsteuernde Funktionen:

- Die Ergebnisse des Abstrahierungsprozesses werden in ihrem Strukturzusammenhang anschaulich, weil stark vereinfacht, abgebildet und bleiben verfügbare, präsente Basis für die weiteren Überlegungen.
- Die räumlich gegliederte Verteilung der verschiedenen Einrichtungen ist durch Overlays elementar, vom Zentrum zur Peripherie fortschreitend aufzubauen.
- Gruppenergebnisse der Modifikation des Basismodells sind schnell und einfach vorzustellen. Sofortige Fehlerverbesserung, neue Vorschläge und deren Argumentation ermöglichen ein operationalisiertes Begreifen durch handelnden Umgang mit wesentlichen Erkenntniselementen, wobei individuelle oder durch Gruppenarbeit entstandene Lernergebnisse nicht nur verbal vorgestellt werden, sondern optisch fixiert und damit permanent veranschaulichend das Unterrichtsgespräch leiten.

Denkbar wäre – um eine sich anbietende Alternative des didaktischen Ortes zu eruieren –, daß nicht über konkrete Fälle das Basismodell induktiv erarbeitet wird, sondern, sofern die Schüler im modellhaft-abstrakten Denken geschult sind, direkt in der Anfangssituation des Unterrichts steht, dann modifiziert und realiter aufgesucht werden kann.

Das folgende Unterrichtsbeispiel exemplifiziert diesen deduktiven Lernprozeß an einem anderen Inhalt.

2.3 Unterrichtsbeispiel 2 – Leitthema: Verkehr (5. Jahrgangsstufe)

Lernziele:
1. Das räumliche Verteilungsmuster eines idealtypischen Verkehrsnetzes im Modell erfassen.
2. Die Veränderung der Struktur durch natürliche oder künstliche Störungen erklären und konkrete Fälle dafür aufzeigen.

Unterrichtsverlauf

Einleitung: Projektion des idealtypischen Verkehrsnetzes (Abb. 7a)
Erarbeitung von Lernziel 1: Verbalisieren des Modells, Vorstellen konkreter Beispiele auf Karten (Autobahnnetz im Ruhrgebiet, Luftverkehrsnetz in Mitteleuropa).
Problemstellung: Projektion des „gestörten" Verkehrsnetzes ohne Störlinie (Abb. 7b). Warum ist es gestört?

63

Hypothesenbildung: Die Vermutungen können durch Einblenden der Störlinie erleichtert werden.

Ergebnisse für Lernziel 2: Störlinien können Flüsse, Gebirge, Grenzen sein. Verdeutlichung durch Einzeichnen der konkretisierten Störlinien. Sicherung: Aufsuchen konkreter Beispiele (Autobahnnetz BRD – DDR, Stadtplan von Bonn, Autobahnnetz BRD – Italien).

2.4 Didaktisch-methodische Überlegungen

Das Modell bildet den komplexen geographischen Begriff Verkehrsnetz in seiner idealtypischen figuralen Anordnung ab – abstrahiert auf seine wesentlichsten Merkmale: Orte, durch Verkehrslinien miteinander verbunden, ohne Größe der Siedlungen, bzw. Qualität der Verkehrswege spezifisch zu berücksichtigen. Konkretisiert, mit inhaltlicher Substanz angereichert, wird dieser Begriff durch reale Kartenbeispiele. Das veränderte Modell wirft die Warumfrage auf, Erklärungsversuche werden provoziert, durch Lernhilfen – Aufzeigen der Störlinie – erhärtet. Konkrete Fälle verdeutlichen wieder. Operationalisiert wird mit Hilfe des Arbeitstransparents durch Overlays und ergänzende Einzeichnungen (Fluß, Gebirge, Grenze) in Verbindung mit konkreten Kartenbeispielen.

Zwei Alternativen grundsätzlicher Art sind für diese Unterrichtsplanung denkbar: Zum einen wäre der Lernweg hier auch induktiv zu beschreiten, zum anderen könnte in diesem Fall die Leistung des Arbeitstransparents durch einen anderen Medienträger ersetzt werden. Tafelzeichnung oder, der besseren Verfügbarkeit wegen, die Modellskizze auf Karton wären in ihrer Handhabbarkeit dem Transparent nicht unterlegen.

2.5 Zusammenfassende Thesen

- Modelle zielen auf den nomothetischen Aspekt geographischen Unterrichtens – Regelhaftigkeiten und Gesetzmäßigkeiten, durch strukturierende, synthetisierende Abstraktion erstellt, finden im Modell ihre Abbildung. Nicht mehr idiographische Erfassung eines Konkretums, sondern die geistige Verarbeitung von Fällen zu übergeordneten Begriffen, das Herausstellen des Wesentlichen und dessen Benennung spiegeln sich in Modellen wider.
- Für Denkprozesse, deren Ergebnisse komplexe Begriffe und idealtypische Abstraktionsgebäude bilden und die aus den involvierten Erklärungssätzen begründbare Ableitungen zulassen, ist das Modell das didaktisch-mediale Korrelat.
- Modelle lassen auch den deduktiven Lernweg zu, immer sollten ihnen je-

doch durch andere Medien, z.B. Karten und Bilder, konkrete Fälle zugeordnet werden.
– Arbeitstransparente sind zur Darstellung und Bearbeitung von Modellen
besonders geeignet, weil durch sie gegliedertes, veranschaulichtes Begreifen
ermöglicht wird.

3 Schlußbetrachtung

Ziel des Unterrichts und Abbildungs-, bzw. Veranschaulichungsfähigkeiten
geben Kriterien, die Wert und Leistung von Medien bestimmbar machen.
Fördern thematische Karte und Modell geographisches Denken, werden mit
ihnen Probleme aufgerissen, Hypothesen provoziert? Evozieren sie struktura-
les, analysierendes Erkennen? Sind daran Einsichten in Regelhaftigkeiten
möglich, Bedingungen zu bewerten, fachgerechtes Arbeiten zu vollziehen?
Und – werden Einzelfaktoren in ihrem strukturalisierten und funktionalen
Wirkungsgeflecht veranschaulicht, raumprägende Verhaltensmotivationen ersichtlich, die Dynamik der Genese erkennbar? Werden Komplexa aufgelöst,
gegliedert, Zusammenhänge verdeutlicht? Fragen, deren Beantwortung maßgeblich didaktischen Ort und didaktische Funktion begründen.
Die thematische Karte – so die vertretene These – ist das rationellste und geographisch rationalste Medium; denn sie hebt Wesentliches und Notwendiges
für das zu lösende Problem oder zu bearbeitende Thema hervor, vermittelt aus
dem physiognomisch Sichtbarem die figurale Anordnung, das räumliche Zu-
einander der einzelnen Faktoren. Karteninterpretation und Kartierung sind an
ihr zu lernende geographische Arbeitsweisen. Ihr didaktischer Ort wird überwiegend in der Erarbeitungs-, seltener in der Sicherungs- und kaum in der Motivationsphase sein. Grenzen ihrer Einsatzmöglichkeiten erfährt sie dort, wo
Kartenlesevermögen und notwendiges geographisches Wissen, also die
Interpretationsfähigkeit des Schülers, nicht ausreichen, die in ihr symbolisiert
dargestellte Information zu entnehmen. Der Grad ihrer Anschaulichkeit kann
aber gerade durch sprechende oder bildhafte Symbole wesentlich erweitert
werden. Dennoch wird die auf ihr nicht abzubildende Physiognomieebene
häufig über Bilder oder durch direkte Anschauung ergänzend in die Unterrichtsarbeit einbezogen werden müssen – ebenso wie Bedingungsfaktoren
funktionaler oder normativer Art oft nur durch Texte zu vermitteln sind.
Das Modell als didaktisch-innovatives Medium fordert und fördert auch abstraktes, regelhaftes Denken. Mit ihm ist das Nomothetische der Geographie
darstellbar. Festzuhalten ist, daß durch die Einsatzmöglichkeit des Modells der

induktive Erkenntnisweg umkehrbar wird – eine sicherlich wesentliche Erweiterung geographischen Unterrichtens. Notwendig – und das kann nicht deutlich genug gefordert werden – ist gerade bei der Arbeit mit Modellen die inhaltliche Konkretisierung, die Veranschaulichung des im Modell Abstrahierten durch Karten, Bilder, natürlich originale Anschauung und intensive Verbalisierung des Abstraktionsprozesses.

Die Leistung von thematischer Karte und Modell im geographischen Lernprozeß wird durch deren Darstellung auf dem Arbeitstransparent noch wesentlich erhöht; denn medienspezifisches Kennzeichen des Transparents sind Variabilität und Mobilität: Eingriffe in die Informationsmenge und -anordnung sind sowohl vom Schüler als auch vom Lehrer jederzeit möglich durch

– Abdeck-, Hervorhebungs-, Ergänzungstechniken;
– Hineinschreiben, -zeichnen;
– Kombination mit der Rollfolie;
– Basis- und Aufbautransparente (Overlays);
– ständige Verfügbarkeit; (vgl. H.-J. Hübner, M. Nickel 1975 und G. Ketzer/G. Krankenhagen 1974).

Erleichtern der Erkenntnisgewinnung, und Begriffsbildung durch symbolisches Handeln und vorstellendes Operieren – mit der thematischen Karte und dem Modell auf Arbeitstransparenten kann dieser Weg im Geographieunterricht beschritten werden.

4 Literatur

Engelhardt, W.; Glöckel, H.: Wege zur Karte. Bad Heilbrunn 1977.
Haggett, P.: Einführung in die kultur- und sozialgeographische Regionalanalyse. Berlin – New York 1973.
Hübner, H.-J.; Nickel, M.: Der Arbeitsprojektor im Erdkundeunterricht. In: Der Erdkundeunterricht, Stuttgart 21/1975.
Ketzer, G.; Krankenhagen, G. (Hrsg.): Die Arbeitsprojektion im Unterricht. Stuttgart 1974.
Engelhardt, W.; Wendel, K.-H.: Arbeiten mit thematischen Karten. In: Die Grundschule. Braunschweig, 2/75.

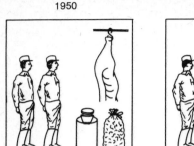

1950

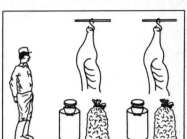

1970

Die Anzahl der landwirtschaftlichen *Arbeitskräfte*
verringert sich um die *Hälfte*.
Die landwirtschaftliche *Produktion*
stieg um das *Doppelte*

durch:

Spezialisierung: Die Produktion wird auf wenige Sorten beschränkt

Mechanisierung: Anstelle menschlicher Arbeitskräfte werden Maschinen
eingesetzt.

Rationalisierung: Wenige Anbausorten auf großen Feldern machen den Einsatz von Maschinen rentabel.

Flurbereinigung: Verstreut liegende, kleine Felder werden zu großen
Blöcken zusammengelegt, damit sie besser bearbeitet werden können.

Abb. 1

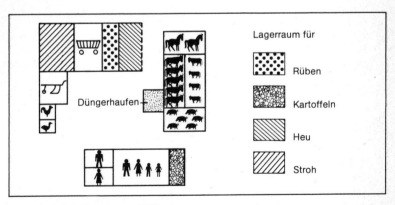

Abb. 2: Gebäudenutzung 1950

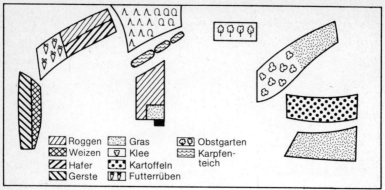

Abb. 3: Flurnutzung 1950

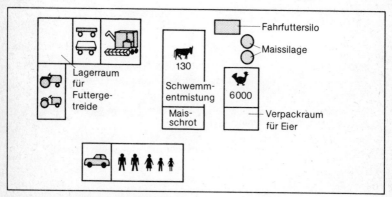

Abb. 4: Gebäudenutzung 1977

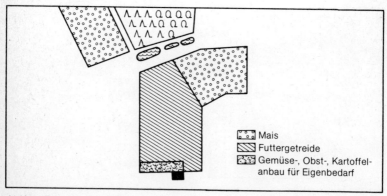

Abb. 5: Flurnutzung 1977

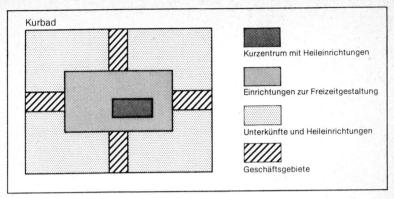

Abb. 6

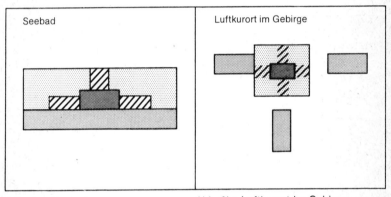

Abb. 6a: Seebad   *Abb. 6b:* Luftkurort im Gebirge

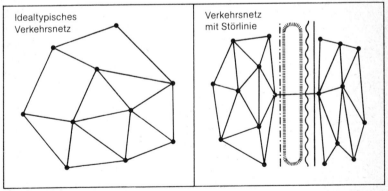

Abb. 7a: Idealtypisches Verkehrsnetz *Abb. 7b:* Verkehrsnetz mit Störlinie

Hartwig Haubrich

Das auditive Medium im Geographieunterricht
Beispiel: Schulfunksendung und ein 8-mm-Stummfilm zum Thema *Lärm*

1 Problemstellung

Auf der Grundlage zahlreicher Erfahrungen mit auditiven und visuellen Medien und des für diesen Aufsatz gezielt parallelen Einsatzes einer Schulfunksendung und eines 8-mm-Stummfilmes in einer Unterrichtseinheit zum Thema *Lärm* sollen insbesondere folgende Fragen untersucht werden:
– Welche Schulstufen, Unterrichtsabschnitte und Organisationsformen sind für den Einsatz eines Tonmediums geeignet?
– Welche Möglichkeiten der Selbstherstellung von Tonaufzeichnungen bieten sich im Geographieunterricht an?
– Welche Wirkweisen sind beim auditiven Medium zu beobachten?
– Welche Möglichkeiten der medienkritischen Erziehung bieten sich beim Tonmedium?
– Welche geographischen Inhalte eignen sich insbesondere für eine mediengerechte Erfassung und Repräsentation durch ein auditives Medium?
Ausgehend von der konkreten Planung und Durchführung der Unterrichtseinheit *Lärm* und dem oben skizzierten Fragehorizont soll dieser Aufsatz eine kombiniert induktiv-deduktive Abhandlung erfahren.

2 Die Stellung der Schulfunksendung „Lärm" in der Unterrichtseinheit *Lärm*

2.1 Didaktische Analyse

Lärm ist Schall, der von Menschen als störend, belästigend und unangenehm empfunden wird, der ärgert oder erschreckt und sogar die Gehörorgane oder die Gesundheit gefährden kann.
Schall entsteht durch Luftschwingungen. Der Schallpegel wird in Phon oder Dezibel (dB) gemessen. Dieses Maß ist logarithmisch, d.h. eine Zunahme von jeweils 10 dB be-

deutet eine Verdoppelung der Lautheit. Wenn aber z.B. eine Senkung von 10% dB erreicht wird, bedeutet das eine Lautstärkeverminderung von 50%.

Lärm ist heute eine weitverbreitete Erscheinung am Arbeitsplatz, auf den Straßen, in der Nähe von Flughäfen, ja sogar an vielen Erholungsstätten. Zahlreiche Jugendliche sind durch das Hören überlauter Musik hörgeschädigt und zahlreiche Menschen sind durch die ständige akustische Berieselung hochgradig nervös. Lärm-Emissionen und Lärm-Immissionen sind jedoch in gesetzmäßiger Weise im geographischen Raum verteilt – also Raumfaktoren, die die räumliche Daseinssituation der Menschen stark beeinflußt. Das bedeutet, daß der Mensch bei der Wahl seines Wohnstandortes, seines Erholungsraumes und seines Arbeitsplatzes, und daß insbesondere der Raumplaner den Raumfaktor *Lärm* bei seiner Arbeit mit einkalkulieren muß.

Aus diesen kurzen Überlegungen können folgende Lernziele eine plausible Begründung erfahren:

Grobziel:
Der Schüler soll Ursachen und Folgen der Lärmbelästigung und notwendige Maßnahmen zum Schutz gegen Lärm darlegen können.

Kognitive Lernziele:
Lernziel 1: die Begriffe Schall und Lärm voneinander unterscheiden können;
Lernziel 2: wichtige Lärmverursacher nennen können;
Lernziel 3: gesundheitliche Folgen der Lärmbehelligung angeben können;
Lernziel 4: Maßnahmen zum Schutz gegen Lärm beurteilen können.

Affektives Lernziel:
Der Schüler soll andere Mitmenschen nicht durch Lärm behelligen wollen und sich für technische, juristische und raumplanerische Maßnahmen zum Lärmschutz einsetzen wollen.

Instrumentales Lernziel:
Der Schüler soll ein auditives Medium richtig handhaben können.

2.2 Methodische Analyse

Die Lernzielabfolge wird als sachlogische Abfolge der Lernschritte herangezogen, obwohl auch eine andere sinnvolle Reihenfolge von den Schülern vorgeschlagen werden kann. Zur Unterscheidung von Lärm und Schall, zum Bewußtmachen von Lärmquellen und der unterschiedlichen Lärmempfindung scheint zunächst das akustische Medium, d.h. hier die Schulfunksendung *Von Mitternacht zu Mitternacht* besonders geeignet. Sie soll deshalb als Sachbegegnung an den Anfang der Unterrichtseinheit gestellt werden und Interesse wekken für die Auseinandersetzung mit den Fragen nach den Lärmquellen, den Lärmfolgen und den Lärmschutzmaßnahmen. Nicht zuletzt soll das Tonmedium bereitmachen für das affektive Lernziel, selbst nicht zur Lärmbehelligung beitragen und sich allgemein für den Lärmschutz einsetzen zu wollen. Die vorwiegend kognitiven Inhalte, wie z.B. die medizinischen Lärmstufen, die Schallrichtwerte usw. sollen mit Hilfe von Texten, Diagrammen und Karten auf Arbeitsblättern erfaßt und den Schülern an die Hand gegeben werden. Zur Lernsicherung dient ein Arbeitsblatt (s. S. 75), das in abgewandelter Form auch als Test zur Lernkontrolle benutzt werden kann.

Von besonderer Bedeutung wird der Transfer der Erkenntnisse in den eigenen Lebensraum des Schülers, der wieder mit Hilfe von Tonaufzeichnungen gestaltet wird. Zur Analyse des eigenen Heimatraumes können die Schüler in verschiedenen Arbeitsgruppen folgende Untersuchungen durchführen:

– mehrere verschiedenartige Lärmquellen aufsuchen und mit einem Tonbandgerät Lärmaufnahmen machen;
eindrucksvolle Aufnahmestellen sind z.B. Straßenkreuzungen, Eisenbahnlinien, Parkanlagen mit Vogelgezwitscher, Schulhof, Spielplatz, Baustelle, Straßenbahnhaltestelle, Bauernhof, Fabrikhalle, Beatschuppen, Büro mit Schreibmaschinengeräuschen;

– eine Lärmkarte machen, in die verschiedene Flächen im Ortsplan mit drei verschiedenen Farbstufen für drei verschieden starke Lärmbehelligungsgrade (Schätzwerte) eingetragen werden;

– die Tonbandaufnahme in der Schule vorspielen, die Aufnahmestellen raten und auf der Karte lokalisieren lassen, über die einzelnen Geräusche diskutieren;

– Plakate mit Illustrationen und Informationen über die Gesundheitsgefährdung durch Lärm anfertigen.

2.3 Verlaufsplanung der Unterrichtseinheit *Lärm*

1. Stunde

Stufe/Zeit/ Lernziel	Inhalt	Aktions- u. Sozialform	Medien
Motivation und Sach- begegnung 10'	Lärmquellen und Lärmempfinden	darbietendes Verfahren; kreisförmige Sitzordnung spontane Schüleräuße- rungen	Schulfunk *Von Mitter- nach bis Mitternacht* (bzw. Stumm- film *Lärm*)
Problem- stellung 5'	Wir wollen unter- suchen: – Lärmquellen – Lärmfolgen – Lärmschutz- maßnahmen	Lehrer- Schüler- Gespräch	Tafel
Erarbeitung LZ 1 10' LZ 2	Lärmquellen: Was ist Lärm? Was ist Schall? Wo gibt es bei uns Lärm?	Lehrer- Schüler- Gespräch (Planung- ei- nes Projekts – siehe Transfer!)	Arbeitsblatt mit Text u. Diagramm
10' LZ 3	Lärmfolgen: Medizinische Lärmstufen Psychische Rela- tivierung der Lärmempfindung	Lehrer- Schüler- Gespräch	Arbeitsblatt mit Text und Diagramm
Lernsicherung 10'	Lärmquellen und Lärmempfindung.	Partnerarbeit	Arbeitsblatt Punkt 1 – 3
Transfer (1 – 2 Stunden nachmittags)	Lärmquellen im eigenen Heimat- raum	Projekt: Frei- willige Schü- lergruppen nehmen ver- schiedene Ge- räusche im Heimatort auf Tonband	Rekorder

2. Stunde

Stufe/Zeit/Lernziel	Inhalt	Aktions- u. Sozialform	Medien
Einstieg 10′	Lärmquellen bei uns!	Vorspielen der Aufzeichnungen; Schüler raten den Aufnahmeort	Rekorder, Ortsplan
Problemstellung 5′	Wir wollen untersuchen: – die Lärmverteilung bei uns, – mögliche Lärmschutzmaßnahmen.		Tafel
Erarbeitung 10′	Lärmstufen bei uns	Frontalunterricht, im entwickelnden Verfahren entsteht eine grobe Lärmkarte der eigenen Gemeinde an der Tafel	Tafel Lärmkarte
10′ LZ 4	Lärmschutzmaßmaßnahmen	Lehrer-Schüler-Gespräch	Arbeitsblatt mit Richtwerten
Lernsicherung 5′	Lärmschutz	Partnerarbeit	Arbeitsblatt
Lernkontrolle 5′	Lärmquellen, Lärmfolgen und Lärmschutzmaßnahmen	Einzelarbeit	Arbeitsblatt als umgeformter Testbogen

Arbeitsblatt
Lärm – Lärmfolgen – Lärmschutz

1. Unterscheide Lärm und Schall!
   Lärm ist . . . *(jede Art von Schall, der von Menschen als störend, belästigend und unangenehm empfunden wird, der ärgert und die Gehörorgane oder die Gesundheit schädigen kann.)*

   Schall . . . *(entsteht durch Luftschwingungen. Der Schallpegel wird in Phon oder Dezibel (dB) gemessen. Der Schalldruck beträgt an der untersten Hörschwelle 20 g pro Hektar und an der Schmerzschwelle (überlauter Schall) 20 t pro Hektar.)*

2. Eine Zunahme des Schalls von 10 dB (Dezibel) bedeutet *(eine Verdoppelung des Schalls.)*

3. Die medizinischen Lärmstufen lauten . . .
   (1. Stufe: 30–60 dB. Sie führt zu psychischen Einwirkungen, wobei Zu- und Abneigung eine große Rolle spielen.
   2. Stufe: 60–90 dB. Sie hat Einwirkungen auf das Nervensystem und kann eine Verminderung des Blutdrucks, Magengeschwüre, Durchblutungsstörungen, Stoffwechselveränderungen und Konzentrationsstörungen herbeiführen.
   3. Stufe: über 90 dB. Sie ist absolut gesundheitsschädigend, stört das zentrale Nervensystem, macht den Menschen mit der Zeit hochgradig nervös und kann ihn zum „Lärminvaliden" machen.)

4. Schallrichtwerte
   Setze die unten angegebenen Gebiete richtig in das Diagramm ein!

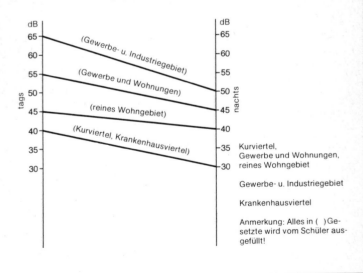

Kurviertel,
Gewerbe und Wohnungen,
reines Wohngebiet

Gewerbe- u. Industriegebiet

Krankenhausviertel

Anmerkung: Alles in ( ) Gesetzte wird vom Schüler ausgefüllt!

Arbeitsblatt

75

2.4 Zur Durchführung und Auswertung

Die Unterrichtseinheit wurde in einer 8. Realschul-Klasse mit Hilfe der Schulfunksendung und in einer leistungs- und motivationsmäßig vergleichbaren Parallelklasse mit Hilfe des Stummfilms durchgeführt. Ansonsten blieben die Verlaufsstruktur und der Medieneinsatz identisch. Außerdem wurden nach Abschluß der Einheiten der ersten Klasse der Stummfilm gezeigt, und der zweiten Klasse die Schulfunksendung dargeboten. Die Klassen erhielten den Auftrag, sich zur Qualität des auditiven und visuellen Mediums vergleichend zu äußern. Die theoretische Analyse beider Medien, die Erfahrung des Autors beim Einsatz der Medien und deren Beurteilung durch die beiden Schulklassen stellen die Grundlage für die folgende Auswertung dar.

In beiden Klassen wurde ein ähnlich gutes Interesse für die Unterrichtsinhalte erreicht, vergleichbar zufriedenstellende Aktivitäten – auch bei den schülereigenen Tonaufzeichnungen und keine signifikant abweichenden Leistungen beim Abschlußtest. Im Zusammenhang dieser Abhandlung interessiert vor allem der didaktische Stellenwert der beiden verschiedenartigen auditiven und visuellen Medien.

Sie sollen deshalb unter den folgenden Fragestellungen untersucht werden:
- Sprechen beide Medien die Rationalität an, d.h. geben sie Impulse zum Mitdenken?
- Schaffen sie ein Problembewußtsein?
- Lösen sie gedankliche Prozesse aus?
- Verdeutlichen sie Wirklichkeit?
- Geben sie genügend „objektive", bzw. multiperspektivische Informationen?
- Geben sie Hilfen zur Interpretation der Wirklichkeit?
- Beschränken sie sich auf wesentliche Aussagen?
- Sind Inhalt und Darstellung zu komplex und überfordern sie den Schüler?
- Geben sie Hilfen zur Problemlösung?
- Repräsentieren sie das Thema medienadäquat?
- Sprechen beide Medien die Emotionalität des Schülers an, d.h. schaffen sie ein Erlebnis?
- Regen sie die Phantasie der Schüler an, d.h. schaffen sie innere Vorstellungen und Bilder?
- Provozieren sie Fragen, die den Schüler zu Aktivitäten, d.h. zur Auseinandersetzung mit dem Problem bereitmachen?
- Induzieren sie Gespräche?
- Fördern sie Kritikbereitschaft, Meinungsbildung und Verantwortungsbewußtsein?

2.5 Wirkweisen der Schulfunksendung:

Die Schüler werden von der Schulfunksendung in ihrer Emotionalität vor allem dort angesprochen, wo es um die Auswirkungen des Lärms auf die Gesundheit des Menschen geht. Die Sendung macht in sehr eindringlicher Weise die Lärmproblematik bewußt. Die Schilderung der Lärmquellen im Verlaufe eines Tages bietet dem Zuhörer einen leicht überschaubaren Kontext. Gerade die Tatsache, daß nur ein Sprecher die Geräusche in sehr origineller Weise kommentiert, macht die Sendung so klar und unmißverständlich. Mit dem Tagesablauf ist ein ständiger Szenenwechsel verbunden, so daß das Geschehen zum einen klar und durchsichtig und zum andern sehr abwechslungsreich wird. Die mit absolut stillen Phasen wechselnde, teils schockierende Geräuschkulisse läßt die Sendung zum Erlebnis werden und macht den Schüler bereit zur Auseinandersetzung mit der Problematik. Zur Lärmbekämpfung werden dem Schüler keine Informationen gegeben, aber er wird zu entsprechenden Fragen provoziert. Ebenso fehlen die Informationen über die räumliche Verteilung des Lärms. Ziel und Wert der Sendung liegt in der Problemanalyse – nicht in der Problemlösung. Dazu bedarf es weiterer Informationen durch andere Medien. Der klassischen Maxime, Visuelles durch ein visuelles Medium und Akustisches durch ein akustisches Medium zu erfassen, wird die Sendung also in hervorragender Weise gerecht. Trotzdem ist – wie wir später noch darlegen werden – eine andere mediale Erfassung nicht ausgeschlossen. Der Wert der Sendung liegt vor allem in ihren affektiven Wirkweisen. Sie läßt das bekannte Phänomen *Lärm* noch einmal in eindringlicher Weise zum Erlebnis werden, provoziert Fragen und fördert einerseits Kritikbereitschaft und andererseits persönliches Verantwortungsbewußtsein.

2.6 Wirkweisen des 8-mm-Stummfilms

Durch seine sachbezogene Konzeption wendet sich der Film nicht so sehr an die Emotionalität, sondern mehr an die Rationalität des Schülers. Dennoch ist der Schüler verblüfft, wenn er einen rasselnden Wecker sieht und ihn nicht hört, wenn er einen Preßlufthammer in Tätigkeit sieht und ihn nicht hört, wenn er also einen Stummfilm zum Thema *Lärm* sieht. Bewegungen, d.h. Visuelles, signalisiert Akustisches. Geräusche gehören zum Alltag, sie sind also bekannt und müssen deshalb nicht unbedingt durch ein Medium veranschaulicht werden. Gerade die Verfremdung durch den Stummfilm provoziert den Schüler, sich die verschiedenen Lärm- und Geräuschformen vorzustellen, sich zu erinnern, sie nicht nur mit dem Gehörsinn aufzunehmen, sondern sie bis zum vollen Bewußtsein vordingen zu lassen und darüber zu reflektieren.

Die Visualisierung der Lärmfolgen macht den Schüler betroffen und bereit, sich mit Lärmschutzmaßnahmen zu befassen. Der Film beschränkt sich nicht auf die Problemanalyse, sondern er gibt auch einige Lösungsbeispiele. Eingeblendete Trickteile (Lärmkarte von Dortmund, Fluglärm von Düsseldorf usw.) zeigen dem Schüler neben der punktuellen Lärmproblematik die Betroffenheit vieler Menschen und die geografisch-räumliche Dimension des Lärms. Die Meinungsbildung und Urteilsfindung des Schülers wird durch knappe, eindeutige Informationen, die in Form von Symbolen, Zahlen und Begriffen eingeblendet werden, unterstützt. Durch das Fehlen des Kommentars muß sich der Schüler ständig selbst Erklärungen suchen, er muß mitdenken. Seine gedankliche Mitarbeit wird stark angeregt. Der ständige Wechsel der Beispielsequenzen und Informationen vermag die Aufmerksamkeit der Schüler zu erhalten. Die Tatsache, daß beide Medien nur einsinnig angelegt sind, verlangt vom Schüler, sich hier das Bild und dort den Ton selbst zu erarbeiten. Beide Medien lassen den Schüler also nicht in rezeptiver und konsumptiver Haltung verharren, sondern fordern seine Aktivität und Spontaneität.

Zusammenfassend kann nun die Behauptung, daß Akustisches durch Visuelles in anschaulicher Weise medial repräsentiert werden kann, als bewiesen betrachtet werden. Dem Stummfilm kann eine medienadäquate Erfassung des Themas Lärm bescheinigt werden. Seine Wirkweisen liegen zwar im Gegensatz zur Schulfunksendung weniger im Emotionalen und mehr im Rationalen. Die Repräsentation des Phänomens Lärm, d.h. die Problemanalyse, gelingt beiden. Problemlösungen bietet nur der Stummfilm. Weiterarbeit mit anderen Informationsgrundlagen verlangen beide Medien.

3 Zur Methodik des Tonmediums

Selbstherstellung von Tonaufzeichnungen

Die methodische Analyse und Verlaufsplanung der vorher skizzierten Unterrichtseinheit *Lärm* geben einige Hinweise auf schülereigene Tonaufzeichnungen. Hier sollen einige weitere Anregungen kurz skizziert werden. Insbesondere bei Projekten, d.h. bei Unternehmungen, bei denen Schüler sich selbst Informationen vor Ort beschaffen, ist ein Kassetten-Rekorder hervorragend geeignet. Die Schüler können dabei Experten und Betroffene, z.B. einen Polizisten, eine Marktfrau, einen Geschäftsmann, ein Kind auf einem Spielplatz, einen Käufer, einen Autofahrer, einen Mieter befragen. Je nach Alter der Schüler wird der Kreis der Befragten, werden die Räume, in denen Befragungen stattfinden, unterschiedlich sein. Grundsätzlich ist jedoch von der Primarstufe an jede Altersstufe in der Lage, diese Technik, wenn auch in unterschiedlicher Weise, anzuwenden. Selbstverständlich gehört dazu ein vorausgehendes Training in der Klasse. Selbstkontrolle, Aktualität und Originalität zeichnen diese Methode aus. Sie geben die Gewähr für eine hohe Motivation, ein Gefühl der Betroffenheit und eine Bereitschaft zur Mitarbeit. Nur muß man, wie bei allen anderen Methoden, bedenken, daß sie allmählich eingeführt und trainiert werden müssen. Bei einer Expertenbefragung bietet sich meistens ein längeres Interview an, bei dem die Fragen vorbereitet werden müssen. Bei der Befragung von Betroffenen geht es meistens nicht um Sachinformationen, sondern mehr um Meinungen, so daß hier vielen Betroffenen eine kurze Frage gestellt werden sollte, um ein breites Meinungsspektrum zu erfassen.

Die Tonbandaufzeichnungen müssen in der Schule eine gründliche Analyse erfahren und in den Kontext der Unterrichtseinheit gestellt werden.

Von hervorragender erzieherischer Wirkung können auch innerschulische Aufnahmen sein, zu denen in der Regel jedoch ein Kassetten-Rekorder nicht ausreicht, sondern ein Tonbandgerät mit mehreren Mikrofonen zur Verfügung stehen sollte. Zum einen können Lehrer und Schüler Informationen zur akustischen Darbietung selbst auf Tonband aufnehmen und damit durch den Wechsel der Lehrformen mehr Interesse schaffen, und zum anderen können die Sprechaktivitäten der Schüler in der Klasse auf Band aufgenommen und anschließend analysiert werden. Vor allem bei Planspielen, in denen verschiedene Interessengruppen miteinander diskutieren und um eine räumliche Entscheidung ringen (z.B. Bau eines Kernkraftwerks, Einrichtung einer Fußgängerzone, Bau eines Industriewerkes, Flurbereinigung usw.) können in der Phase der Planspielkritik, die soziale, politische und fachliche Kompetenz der einzelnen Gruppen untersucht, der Kommunikations- und Entscheidungsprozeß analysiert und die Entscheidung bewertet werden (s. HAUBRICH, H. 1976, S. 39).

Schulfunksendungen sind ein gesicherter Bestandteil des Geographieunterrichts. Zu ihrem sachgerechten Einsatz soll folgender Abschnitt Hinweise anbieten.

4 Wirkweisen des Tonmediums

Die Einsinnigkeit des auditiven Mediums (ohne Visualisierung) erfordert weniger Anstrengung vom Rezipienten, der neben dem Hören noch gleichzeitig andere Tätigkeiten ausführen kann. Da der Hörfunk nur durch das menschliche Gehör wirkt und nur Geräusche, Musik und Gespräche übermittelt und die optische Dimension fehlt, bedarf er spezifisch dramaturgischer Formen (z.B. Interview, Reportage, Feature, Hörspiel). Obwohl der Hörfunk einerseits als ein leichtes Medium bezeichnet wurde, muß andererseits festgestellt werden, daß die Transposition akustischer Eindrücke in visuelle Vorstellungen nicht geringer Anstrengung und Einbildungskraft bedarf. Der mangelnde Dialog infolge der fehlenden Rückkoppelung des Rezipienten an den Kommunikator macht das Tonmedium zu einem „kalten Medium".

Die große Fülle der konkreten Fakten, die der Hör- und Schulfunk bietet, birgt die Gefahr, daß gerade der aufmerksame Hörer sich im Einzelnen verliert und nicht mehr das Wesentliche heraushören, bzw. den „roten Faden" erkennen kann. Die Sendung läuft unerbittlich ab. Eine kleine Unaufmerksamkeit kann die Ursache für ein völliges Unverständnis der gesamten Sendung darstellen, wenn der Schüler eine wichtige Information nicht aufgenommen hat. Für den Schüler ist es geboten, konzentriert bei der Sache zu sein. Eine Hauptgefahr des Hörfunks tritt ein, wenn er zur Geräuschkulisse degradiert wird. Zahlreiche Hörer konsumieren täglich bei zahlreichen Tätigkeiten Sendungen jeglicher Art. Das Gesetz der Enge des Bewußtseins belegt aber, daß entweder das Hören oder die Arbeit darunter leidet. Die Einsinnigkeit des Hör-Mediums macht es allerdings verständlich, warum so viele Menschen den Hörfunk in dieser Weise mißbrauchen. Manche Menschen können nicht mehr ohne eine Geräuschkulisse sein. Eine weitere Gefahr des Hörfunks ist die Schnelligkeit der Sendungen. Die zahlreichen und verschiedenartigen Sendungen bieten derart viele Informationen, daß man sie nur mit höchster Konzentration aufnehmen kann. Fehlt diese Konzentration beim Zuhören häufiger, so wird Oberflächlichkeit und Flüchtigkeit zur Gewohnheit. Der Hörer verlernt das Hinhören, bald ist er nicht mehr in der Lage, seinem Gesprächspartner richtig zuzuhören. Sparsames, konzentriertes und gewissenhaftes Hören kann diese Gefahr bannen.

5 Zur medienkritischen Erziehung

Die Erziehung zur kritischen Analyse einer Sendung kann in der Regel auf dem Bedürfnis der Schüler aufbauen, Gefallen oder Mißfallen häufig schon während der Sendung zum Ausdruck zu bringen. Die Kritik sollte in einem anschließenden Gespräch rational begründet werden. Spätestens in der Sekundarstufe I ist es angebracht, sowohl den Inhalt als auch die formale Darstellung einer Sendung einer kritischen Würdigung zu unterziehen. Widersprechende Aussagen und Meinungen im Klassengespräch zwingen zur Verifizierung bzw. Falsifizierung durch die Sendung und damit zum genauen Zuhören. Da 85% der Menschen visuell veranlagt sind, aber nur 15% auditiv, will das Hören gelernt sein.

Gerade in unserem einerseits von Lärm erfüllten, andererseits visuellen Zeitalter ist es unbedingt erforderlich, in der Schule ein Trainingsfeld für genaues Zuhören zu schaffen. Bei einem zweimaligen Hören einer Sendung können in Gruppenarbeit einzelne Personen, Gegenstände, Themen usw. aufgelistet und die Sendezeit, die für sie verwandt wurde, gestoppt werden. Das Ergebnis gibt häufig interessante Hinweise auf die Wertungen der Sendung.

Nach einem ausgedehnten Analysegespräch könnten die Schüler eine eigene Fassung auf Band aufnehmen, um die erste offizielle Fassung zu verbessern oder Manipulationsmöglichkeiten zu erproben, zu erleben und zu bewerten. Eine kritische Analyse des Hörfunks ist nur mit Hilfe anderer offizieller Quellen sachgerecht zu lösen. Er ist eines der mächtigsten Massenmedien, das trotz des Fernsehens einen großen Einfluß ausübt. Selbst, wenn es den Schulfunk nicht gäbe, müßte die Schule mithelfen, Qualifikationen zum richtigen Hören des Rundfunks, d.h. aber auch zur sachlichen Hinterfragung der Sendungen zu entwickeln.

Die negativen Wirkweisen (Reizüberflutung, passiveres Lernverhalten, Konformismus, Manipulation, Flüchtigkeit . . .) und die positiven Wirkweisen (Aktualität, Erlebnis, Information . . .) gelten sowohl für den allgemeinen Hörfunk als auch für den Schulfunk. Der Lehrer muß sich bewußt sein, daß nicht der Schulfunk, sondern das tägliche Radiohören den Schüler mehr tangiert, und daß daraus die pädagogische Folgerung zu ziehen ist, daß die Schule und damit auch der Geographieunterricht nicht nur den Schulfunk zu nutzen hat, sondern auch die allgemeinen Sendungen analysieren und kritisch hinterfragen sollte. Das Aktualitätsprinzip im Geographieunterricht – die Geographie war schon immer Gegenwartskunde – fordert nahezu die Einbeziehung von Radiosendungen. Mit der Berücksichtigung beider Möglichkeiten wird nicht nur durch Schulfunk (und Schulfernsehen) der Geographieunterricht befruchtet, sondern gleichzeitig die Fähigkeit im Schüler entwickelt, Sendungen nach ihrem geographischen Aussagewert zu beurteilen.

6 Zur mediengerechten Erfassung geographischer Inhalte

Die Geographie hat den Auftrag, ein geographisches Welt„bild" zu vermitteln. Man sollte meinen, daß dieses Weltbild nur „bildhaft" veranschaulicht werden und daß ein Tonmedium nur Akustisches aus dieser Welt wiedergeben könnte. Die Geographie hat aber auch die Aufgabe, die Kräfte, die hinter den visuell erfaßbaren Phänomenen dieser Welt stehen, darzustellen. Dazu ist das

Bild nicht mehr in der Lage, dazu ist das gesprochene oder geschriebene Wort nötig.

Sicher hat HEINRICHS recht, wenn er sagt: „Das gesprochene Wort allein (kann) noch keine Landschaft lückenlos erstehen lassen" (HEINRICHS, A. 1956, S. 52). Es wäre aber falsch, daraus wieder die Folgerung zu ziehen, für den Geographieunterricht in Zukunft nur noch das visuelle Medium vorzusehen. Gerade der moderne Geographieunterricht, der sich selbstverständlich auch mit dem sichtbaren Lebensraum der Menschen beschäftigt, der aber außerdem die Prozesse und Konflikte, die Räume verändern, und die Kräfte, die diese sozialräumlichen Wandlungen steuern, zeigen will, fordert geradezu den Schulfunk bzw. das gesprochene Wort.

Dieses inhaltliche Anliegen ließ die Arbeitsform des Plan- und Rollenspiels im modernen Geographieunterricht aktuell werden. Noch besser vermag der Schulfunk verbale und soziale Strategien zu verdeutlichen, die räumliche und damit auch soziale Veränderungen schaffen wollen. Der Schulfunk braucht nicht wie das Rollen- und Planspiel in der Schule nur zur Simulation zu greifen, sondern kann reale Entscheidungsprozesse amtlicher und nichtamtlicher Gremien (Stadtrat, Planungsbehörde, Bürgerversammlung . . .) erfassen und dem Schüler nahebringen. Die Ergebnisse der räumlichen Entscheidungen müssen allerdings wieder visualisiert werden. Der Geographieunterricht kann nicht auf das Medium Bild verzichten. Die Aufnahme und Wiedergabe eines Entscheidungsprozesses durch ein akustisches Medium unter ausdrücklichem Verzicht auf eine Visualisierung läßt erwarten, daß die volle Aufmerksamkeit auf die verbalen Interaktionen der streitenden Gruppen und deren Lösungsstrategien zur Raumgestaltung gelenkt wird. Dieses moderne Anliegen greift schon teilweise über die Grenzen des Geographieunterrichts, erfordert eine interdisziplinäre Zusammenarbeit zwischen Geographie, Politik, Geschichte, Wirtschaftslehre und z.T. auch Deutsch, und bedeutet für den Schulfunk, interdisziplinäre Sendungen zu inszenieren und für schülereigene Tonaufzeichnungen, z.B. bei Projekten, eine interdisziplinäre Auswertung.

7 Literatur

DAHLHOFF, T. (Hrsg.): Schulfunk. Zur Didaktik und Methodik. Bochum 1971.

HEINRICHS, H.: Die Praxis des Schulfunks. In: Neue deutsche Schule. Essen 1958, S. 164.

HEINRICHS, H.: Der Schulfunk, Geschichte, Wesen und Wirkungen. Aachen 1956, S. 105.

KADELBACH, G.; FREUND, C. (Hrsg.): Bibliographie des Schulfunks 1960-65. Hessischer Rundfunk, Schulfunk Frankfurt/M. 15/1960, Ferienheft 1965. Sonderheft 20.

RIEDLER, R.: Schulfunk und Schulpraxis, Anregungen zur Didaktik des akustischen Unterrichtsmittels. München 1976. Schulfunksendung des Süddeutschen Rundfunks, Stuttgart: Von Mitternacht bis Mitternacht.

SCHUMANN, D.: Erdkundesendungen im Schulfunk. In: Film – Bild – Ton. Jhg. 20, München 1970, Heft 7, S. 30 – 33.

Westermann 8-mm-Film (W 35 5071), Geographie: Thema: Lärm. Braunschweig 1977.

Heinz Nolzen

Der Arbeitsstreifen im Geographieunterricht

1 Eigenschaften und Anwendungsbereiche des Arbeitsstreifens

Arbeitsstreifen sind Kurzfilme im Super-8-mm-Format von maximal 5 Minuten Laufzeit. Sie stellen in mehrfacher Hinsicht einen krassen Gegensatz zum herkömmlichen 16-mm-Unterrichts-Tonfilm dar, der eine Laufzeit von etwa 15 bis 20 Minuten hat. Der Kürze des Arbeitsstreifens entspricht eine inhaltliche Beschränkung auf einen oder wenige Aspekte derselben Sache oder desselben Vorgangs. Dies kommt auch durch die Bezeichnungen *Elementfilm* bzw. *Single-concept-film* oder auch *Lernkurzfilm* für den Arbeitsstreifen zum Ausdruck. Die Konzeption des Arbeitsstreifens kommt einem lernzielorientierten Unterricht sehr entgegen, da er immer nur wenige, exakt definierbare Lernziele anstrebt.

Die extreme Kürze und die Beschränkung auf einen eng begrenzten Sachverhalt geben dem Elementfilm Bausteincharakter. Er ist Baustein in thematischer Sicht, da er sich inhaltlich auf einen Teilbereich eines Gesamtthemas beschränkt. Er ist es aber auch in didaktisch-methodischer Sicht, weil er in verschiedenen Unterrichtsphasen unterschiedliche Aufgaben erfüllen kann. Diese Eigenschaften machen den Elementfilm zum „didaktischen Montage- oder Fertigteil". Der Lehrer kann den in mehrfacher Sicht „handlichen" Arbeitsstreifen leicht in sein Unterrichtskonzept integrieren, ohne sich einer Fremdbestimmung seines Unterrichts durch das Medium auszusetzen, was beim vollständigen Vorführen von 16-mm-Tonfilmen häufig der Fall ist.

Auch lernpsychologisch ist die Kürze des Elementfilms vorteilhaft. „Aktives Antwortverhalten der Schüler" spielt „eine ganz entscheidende Rolle in jedem Lernprozeß". (NOWAK, 1972) Elementfilme sind so kurz, daß eine Reaktion erfolgen kann, noch ehe der Schüler sich gedanklich von den Lernzielen des Films abgewendet hat.

Der Arbeitsstreifen ist gewöhnlich stumm und läßt dem Schüler ein großes Feld für eigene Überlegungen. Er motiviert als „visueller Stimulus" (NOWAK 1972) zur Beobachtung, zu selbständiger, kreativer Auswertung und zum Kommentar. Da er stets vom Schüler durch Beobachtung erschlossen werden muß, ist auch die Bezeichnung *Beobachtungsfilm* geläufig. Als Stummfilm besitzt der Arbeitsstreifen eine besonders einfache Bildsprache. Sie äußert sich durch lange, wenig bewegte Einstellungen und kontinuierliche Verknüpfung der Bilder. Im Tonfilm ergänzen sich Wort und Bild, weshalb dort kürzere Einstellungen und stärkerer Szenenwechsel nicht störend wirken. Mit der Abschaltung des Tons verlieren aber rasch aufeinanderfolgende Einzelszenen für den Betrachter u.U. ihren Zusammenhang. Es besteht daher ein grundsätzlicher Unterschied zwischen einem stummen Arbeitsstreifen und einem Tonfilm, der stumm läuft, auch wenn letzterer sehr kurz sein sollte.

Eine für die Unterrichtspraxis sehr wesentliche Eigenschaft ist die leichte Bedienbarkeit des Vorführgerätes. Der auf handelsüblichen 30-m-Spulen gelieferte Film wird automatisch eingefädelt. Anhalten des Bildes, Zurückspulen und erneutes Vorführen einer bestimmten Bildsequenz sind technisch problemlos und binnen kürzester Zeit durchführbar.

Die allgemeinen Anwendungsbereiche des Arbeitsstreifens sind aus der folgenden Zusammenstellung des Instituts für Film und Bild (FWU) (Prospekt, Februar 1976) ersichtlich:

- Beobachtungsfilme machen einen Wirklichkeitsausschnitt für gezielte Untersuchungen (Fragestellungen) zugänglich.
- Reale Vorgänge werden durch einkopierte oder eingefügte Trickdarstellungen verschiedener Art (Funktionsschemata, Schnitte, Grundriß u.s.w.) durchschaubar gemacht.
- Schwierige Modellversuche und Demonstrationen mit großem zeitlichem und apparativem Aufwand werden im Film dargeboten, wobei spezifisch filmische Gestaltungsmittel zusätzlich zur Verdeutlichung beitragen.
- Experimente werden durch schrittweise Verfremdung der Realdarstellung an ein Schema angenähert.
- Vorgänge, die unsichtbar sind oder in geschlossenen Apparaturen ablaufen, werden in Trickdarstellungen anschaulich gemacht.
- Im Trickfilm werden Experimente simuliert.

(Bezüglich der speziell geographischen Anwendungsbereiche s. S. 93 ff. Gliederung nach Sachtypen)

2 Unterrichtlicher Einsatz der Arbeitsstreifen *Grundwasser und Fluß* (36 0803, FWU) sowie *Wasserverschmutzung und Uferfiltration* (36 0804, FWU).

2.1 *Begründung der Medienwahl*

Die vorzustellenden Elementfilme zeigen Experimente. Sie können als Experimentfilme angesprochen werden, da der Arbeitsstreifen sich als ideales Medium zur Visualisierung von Experimenten erwiesen hat. Die Experimente bilden natürliche Vorgänge im Fluß und im ufernahen Grundwasserbereich nach Art eines Modellversuchs ab. Derartige Vorgänge sind nicht oder nur sehr schwer sichtbar. Für die Schule bieten sich als gute Möglichkeiten der Veranschaulichung der Modellversuch oder der Zeichentrickfilm an. Da der Modellversuch im vorliegenden Falle dieselbe Anschaulichkeit wie ein Zeichentrickfilm besitzt, wurde ihm der Vorzug gegeben. Maßgeblich war dabei die Überlegung, daß der Modellversuch infolge der dort real ablaufenden Prozesse für den Schüler größere Beweiskraft hat als der Zeichentrickfilm. Der naheliegende Gedanke, statt der Experimentfilme die Experimente selbst in der Klasse vorzuführen, scheitert an der sehr aufwendigen Versuchsanlage.

2.1.1 Inhalt der Filme

Der dreiteilige Experimentfilm *Grundwasser und Fluß* zeigt in Teil 1 den Anstieg von Grundwasser- und benachbartem Flußspiegel durch Regenfall, in Teil 2 den Grundwasseranstieg als Folge eines Hochwassers im Fluß und in Teil 3 die Grundwasserabsenkung durch Niedrigwasser im Fluß (vgl. Abbildung 1). Der zweiteilige Experimentfilm *Wasserverschmutzung und Uferfiltration* zeigt die Filterwirkung des Bodens auf Flußwasser. Mäßig verschmutztes Wasser (vgl. Abbildung 2, A) wird sauber (B), stark verschmutztes (C) dagegen nicht (D).

2.2 Filmeinsatz in der Unterrichtsstunde: „Brunnenwasser, woher es kommt und wie sauber es ist." (3. oder 4. Klasse der Grundschule, Sachunterricht)

2.2.1 Skizzierung der Unterrichtseinheit

Die vorgestellte Unterrichtsstunde stellt den dritten Teil einer Unterrichtseinheit zum Thema „Woher kommt unser Trinkwasser?" (Wasserversorgung) dar. Vorausgegangen sind die Sequenzen 1: „Wozu wird Wasser benötigt?" (Häuslicher Wasserverbrauch) und 2: „Wie kommt das Wasser in unser Haus?" (Rohrleitungsnetz, Hochbehälter, Wasserwerk, Brunnen). In Sequenz 2 wird vor allem der Weg des Wassers über die einzelnen Stationen vorgestellt. Die Wasseraufbereitung ist erst Gegenstand von Sequenz 4 „Was geschieht im Wasserwerk?" Sie baut auf den in Sequenz 3 eingeführten Begriffen Oberflächenwasser, Grundwasser, Wassergüte, Wasserverschmutzung und Filterwirkung des Bodens auf.

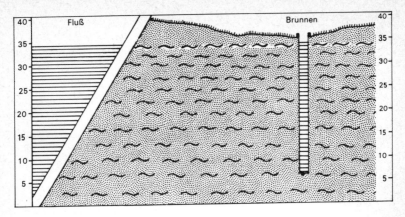

Abb. 1: Grundwasser im Fluß

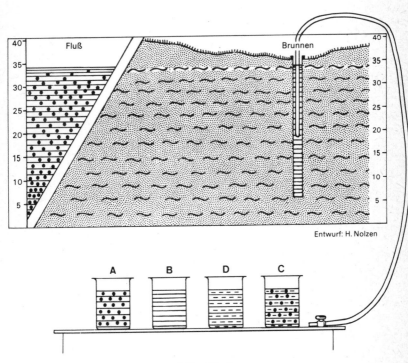

Entwurf: H. Nolzen

Abb. 2: Wasserverschmutzung und Uferfiltration

87

2.2.2 Lernziele

Grobziel: Herkunft und Qualitätsunterschiede des Grundwassers erklären
können
Teilziele:

Erkennen
TZ 1: daß sich Grundwasser aus Niederschlag bildet (natürliches oder echtes Grund-
wasser),
TZ 2: daß Grundwasser durch Einsickern von Flußwasser entstehen kann (uferfiltrier-
tes oder künstliches Grundwasser),
TZ 3: daß Flußwasser beim Durchsickern der ufernahen Kies- und Sandschichten ge-
reinigt wird (Uferfiltration),
TZ 4: daß die natürliche Reinigung durch Uferfiltration bei zu starker Flußwasserver-
schmutzung versagt,
TZ 5: daß Niederschlagswasser beim Durchsickern des Bodens gereinigt wird.

2.2.3 Verlaufsstruktur

(siehe Seite 89)

2.2.4 Arbeitsblatt

Arbeitsblatt
„Brunnenwasser, woher es kommt und wie sauber es ist."
(Das Arbeitsblatt enthält an dieser Stelle die schematische Wiedergabe von
Abb. 1 etwa im Format: 15 cm x 7 cm.)

A. Woher der Brunnen sein Wasser bekommt.

Zeichne in die Abbildung zwei Wege ein, wie das Wasser in den Brunnen
gelangen kann. Nimm dazu verschiedene Farben.

Ergänze die fehlenden Worte!
Das Wasser des Brunnens nennt man auch *(Grundwasser)*. Es kann sich
aus *(Niederschlag)* und aus *(Flußwasser, Oberflächenwasser)* bilden.

B. Wie sauber Brunnenwasser ist.

Streiche die falschen Worte durch!
Brunnenwasser (Grundwasser), das sich aus Niederschlag bildet, ist
meistens *sauber / schmutzig*.
Brunnenwasser (Grundwasser), das aus eingesickertem Flußwasser (Oberflächenwasser) entsteht, wird durch den Boden *völlig / teilweise / nicht
gereinigt*.

Arbeitsblatt

2.2.3 Verlaufsstruktur

Stufe	Inhalt	Aktions- u. Sozialformen	Lernziel	Medien	Zeit
1. Anknüpfung bzw. Wiederholung	Weg des Wassers vom Brunnen bis in die Häuser (Schemazeichnung)	Schülerberichte		Tafelanschrieb	10'
2. Problemstellung I	Woher bekommt der Brunnen sein Wasser?	Unterrichtsgespräch			2'
3. Erarbeitungsphase I	Grundwasserbildung aus Niederschlags- u. Flußwasser	Beobachtung, spontane Schüleräußerung		Film: *Grundwasser und Fluß* Teile 1 u. 2	5'
4. Lösungsphase I		entwickelnder Frontalunterricht, Unterrichtsgespräch	TZ 1 TZ 2	Tafelanschrieb	5'
5. Problemstellung II	Wie sauber ist Brunnenwasser?	Unterrichtsgespräch		Tafelanschrieb	3'
6. Erarbeitungsphase II	Filterwirkung des Bodens bei unterschiedlicher Wasserverschmutzung	Beobachtung, spontane Schüleräußerung		Film: *Wasserverschmutzung und Uferfiltration*	5'
7. Lösungsphase II	Unterschiedliche Qualität des Grund- bzw. Brunnenwasers je nach Herkunft	entwickelnder Frontalunterricht, Unterrichtsgespräch	TZ 3 TZ 4 TZ 5	Tafelanschrieb	5'
8. Ergebnissicherung Lernkontrolle	Brunnenwasser, woher es kommt und wie sauber es ist.	Lehrer-Schüler-Gespräch und Ausfüllen des Arbeitsblattes		Arbeitsblatt	10'

2.2.5 Methodische Hinweise

Die Schemazeichnung an der Tafel (Stufe 1) sollte als Querprofil (besser noch: Blockbild) angelegt werden und folgende Elemente enthalten (in Anlehnung an den Bildaufbau im Film von rechts nach links): Wohnhaus, Hochbehälter, Wasserwerk mit Pumpe, Brunnen, wobei diese Stationen jeweils durch ein Wasserrohr verbunden sind. Links vom Brunnen ist an der Tafel Platz zu lassen für die spätere Einzeichnung des Flusses. Der Film sollte in Stufe 3 ohne Titel gezeigt werden, da der Begriff Grundwasser erst erarbeitet werden muß. In Lösungsphase I (Stufe 4) sollte der Versuchsaufbau des Films (vgl. Abb. 1) an der Tafel nachgezeichnet werden.

Diese Zeichnung ist auch für Problemstellung II (Stufe 5) und für Lösungsphase II (Stufe 7) von Wert. Wurde im ersten Teil der Stunde die Entstehung von Grundwasser aus Niederschlag und Oberflächenwasser erkannt, so leitet ein Hinweis des Lehrers, daß Niederschlag beim Auftreffen auf den Boden oft schmutzig wird und daß Oberflächenwasser (insbesondere Flußwasser) meist verunreinigt ist (Badeverbot!), zu Problemstellung II über. Der Erarbeitung am Beispiel des Flußwassers liegt die Überlegung zugrunde, daß das Reinigungsproblem bei einsickerndem Flußwasser in der Regel am größten ist. Das Ausfüllen des Arbeitsblattes sollte gemeinsam und unter Kontrolle des Lehrers stattfinden. Dies gilt besonders für die Zeichenaufgabe in Teil A.

Die Elementfilme erfüllen bei dem hier vorgeschlagenen Einsatz unterschiedliche methodische Aufgaben. Bei Elementfilm 1 *Grundwasser und Fluß* überwiegt entdeckendes Lernen, der Film hat die Funktion eines Beobachtungsfilms. Film 2 *Wasserverschmutzung und Uferfiltration* hat mehr Demonstrationscharakter. Da die Schüler die Versuchsanlage bereits aus Film 1 kennen, warten sie bei Film 2 lediglich auf den Ausgang des Demonstrationsexperimentes zur Wasserverschmutzung.

Selbstverständlich sind auch andere Einsatzformen der Filme denkbar, sowohl was die Arbeitsformen als auch was die Unterrichtsstufen betrifft. Die Möglichkeit, einen oder beide Filme zur Ergebnissicherung und Lernkontrolle erneut zu zeigen und vom Schüler kommentieren zu lassen, bietet sich – wie bei fast allen Elementfilmen – an. Denkbar, wenn auch nach Ansicht des Verfassers nicht optimal, ist die Möglichkeit, den Film gleich bei der ersten Vorführung im darbietenden Verfahren vom Lehrer kommentieren zu lassen. Film 1 kann auch Einstiegsfunktion haben. Unterrichtsversuche mit dem Film haben gezeigt, daß die Schüler mit Hilfe des Films selbständig die Problemstellung I finden und formulieren können. Dabei muß ihnen lediglich bekannt sein, daß dieser Film etwas mit dem Rahmenthema Wasserversorgung zu tun hat.

2.3 Verwendbarkeit der Elementfilme im Rahmen anderer Unterrichtsthemen

Außer der hier mit Film 1 angesprochenen Grundwasserbildung und -verschmutzung kann er auch für folgende Themen herangezogen werden:
- Bedeutung des Hochwassers für die Auffüllung der Grundwasserreserven
- Aufrechterhaltung des oberirdischen Abflusses in Trockenwetterperioden durch Grundwasserzufluß
- Auswirkungen einer Absenkung des Flußspiegels (z.B. Flußkorrektur am Oberrhein) auf den Grundwasserspiegel.

Film 2 ist wegen seiner didaktisch höheren Strukturierung (vgl. S. 92) weniger flexibel einsetzbar. Im wesentlichen können die Wasserverschmutzung, die natürliche Selbstreinigungskraft der Uferfiltration und deren technische Nutzung durch Wasserwerke in Form der künstlichen Infiltration (z.B. an der Ruhr) angesprochen werden.

3 Zur didaktischen Funktion des Arbeitsstreifens

Die Aufgaben des Arbeitsstreifens im Erdkundeunterricht bzw. im geographisch orientierten Sachunterricht sollen zunächst unter den Aspekten der allgemeinen unterrichtlichen Funktion, sodann unter denen der speziell fachdidaktischen Funktion betrachtet werden.

3.1 Allgemeine unterrichtliche Funktionen

Eine Durchsicht der verfügbaren Arbeitsstreifen hinsichtlich ihrer dramaturgisch-didaktischen Gestaltung läßt zwei Typen erkennen, den Beobachtungsfilm und den Demonstrationsfilm. „Beim Beobachtungsfilm erfolgt die Vorführung eines Unterrichtsgegenstandes, z.B. wie bei einem Lehrausflug." (Kleines AV-Lexikon, S. 36) Der Schüler soll zur Beobachtung motiviert werden und selbständig den Film auswerten. Entsprechend fehlen erklärende Hinweise. Zusätzliche Informationen im Film haben lediglich die Funktion von Beobachtungshilfen. Beobachtungsaufgaben nehmen den Schüler in der Regel nur wenige Minuten in Anspruch. Der Arbeitsstreifen ist wegen seiner Kürze und wegen des fehlenden Tons somit ein optimales Medium für Beobachtungsaufgaben. (Vgl. KETZER 1972, S. 52 f.) Auch wenn er als Übermittler demonstrativer Vorgänge fungiert, behält er deshalb mehr oder minder das dramaturgische Element des Beobachtungsfilms.

Als Demonstrationsfilm stellt der Arbeitsstreifen wichtige Sachverhalte und Prozeßabläufe anschaulich dar, aus denen fundamentale Einsichten und Regeln gewonnen werden können. Demonstrationsfilme enthalten häufig Trickdarstellungen, um abstrakte Einsichten zu vermitteln (z.B. Schema des Wasserkreislaufs zwischen Meer und Land) oder um Unsichtbares zu veranschaulichen (Verdunstung). In der Regel weisen sie deshalb auch eine hohe Informationsdichte auf und dürfen im Hinblick auf die Aufnahmefähigkeit des Schülers nicht zu lang sein. Als Kurzfilm ist der Arbeitsstreifen somit auch für die Übermittlung demonstrativer Vorgänge ein adäquates Medium.

ORTNER (1975, S. 16 f.) spricht dem Arbeitsstreifen im Hinblick auf den Unterrichtsprozeß, insbesondere auf Artikulation, Ablaufdynamik und Lerneffizienz folgende Funktionen zu: Medienspezifische Sachinformation (zur gezielten Untersuchung eines Wirklichkeitsausschnittes, Erarbeitung), Aufzeigen einer Problemsituation (z.B. als motivierender Einstieg), Motivation (in allen Phasen des Unterrichtsablaufs), Hilfe zur Abstraktion (vermittels der Trickfilmdarstellung), Transfer (Analogsituationen und -vorgänge im Film ermöglichen die Übertragbarkeit von Erkenntnissen), Ergebnissicherung und Vertiefung, Differenzierung (Einsatz des Arbeitsstreifens zur Gruppenarbeit).

Der Arbeitsstreifen kann infolge seiner kurzen Laufzeit und der Beschränkung auf einen begrenzten Sachverhalt, Vorgang oder Begriff als „offenes" visualisierendes Medium bezeichnet werden. Damit ist gemeint, daß derselbe Film bei der Behandlung verschiedener (allerdings meist verwandter) Unterrichtsthemen Verwendung finden kann und daß er für verschiedene Formen der methodischen Einordnung in den Unterricht geeignet ist. Je nach der didaktischen Struktur des Films ist jedoch der diesbezügliche Handlungsfreiraum des Lehrers enger oder weiter. Didaktisch niedrig strukturierte Filme orientieren sich an den „Beobachtungstechniken der Realität" (KETZER, 1974). Sie sind gekennzeichnet durch naive Betrachtung einfach zu beobachtender realer Sachverhalte oder Vorgänge, sowie durch lange Einstellungen von durchschnittlich mehr als einer Minute. Im Extremfall weisen solche Filme keinen Schnitt auf, d.h. sie bestehen aus nur einer kontinuierlichen Einstellung von mehreren Minuten.

Gegenüber dem didaktisch niedrig strukturierten Film unterliegt der Inhalt des didaktisch hoch strukturierten Films wesentlich stärker der didaktisch-methodischen Gestaltung. Formal drückt sich dies durch häufigen Wechsel der filmischen Mittel (Realaufnahmen, Trickdarstellungen, Einblendungen von Texten, Schemazeichnungen usw.) und einen stärkeren Anteil von Trickfilmsequenzen bis hin zum völligen Zurücktreten der Realfilmanteile aus. Die abstrahierende Trickfilmdarstellung lenkt die Gedanken des Betrachters in eine ganz bestimmte Richtung.

Damit läßt sich ein Zusammenhang zwischen didaktischer Struktur und „Offenheit" eines Arbeitsstreifens feststellen: Je niedriger die didaktische Struktur, desto „offener", d.h. flexibler einsetzbar, ist er. Didaktisch hoch strukturierte Filme haben dagegen nur eine ganz beschränkte Anzahl „didaktischer Orte", d.h. der Lehrer kann mit ihnen vergleichsweise wenig Lehrziele erreichen und ist beim Einsatz des Films auch hinsichtlich des Aufbaus der Unterrichtsstunde, insbesondere bezüglich der methodischen Einbindung des Films stärker festgelegt.

3.2 Fachdidaktische Funktionen

Hier wäre zu untersuchen, welche geographischen oder geographisch bedeutsamen Inhalte in welcher filmischen und didaktischen Gestaltung welchem Schüler vorgestellt werden bzw. vorgestellt werden können und welche geographischen Lernziele mit Hilfe von Arbeitsstreifen erreicht werden können. Der Versuch einer zufriedenstellenden, erschöpfenden Beantwortung der angesprochenen Fragen käme zur Zeit zweifellos noch verfrüht. Im erdkundlichen Bereich ist das Angebot an Elementfilmen noch vergleichsweise klein, zu einer Anzahl geographischer Sachbereiche fehlen Elementfilme sogar völlig. Dementsprechend sind auch Berichte über Unterrichtserfahrungen mit Elementfilmen noch selten. Es kann daher hier nur um eine Bestandsaufnahme des derzeit Vorhandenen und um ein Aufzeigen von Entwicklungsansätzen und Perspektiven gehen.

Unternimmt man aufgrund der vorliegenden Elementfilme eine *Gliederung nach Sachtypen*, so lassen sich folgende Gruppen – nicht immer scharf voneinander trennbarer Inhaltsbereiche – unterscheiden:

3.2.1 Arbeitsstreifen zur Physischen Geographie

Sie sind bisher zahlenmäßig am stärksten vertreten, was damit zusammenhängen dürfte, daß der Elementfilm in den rein naturwissenschaftlichen Fächern stärker und früher Verbreitung fand als in der Erdkunde. Die Mehrzahl der Filme behandelt geomorphologische oder geologische Prozesse, daneben gelangen auch klimatologisch-meteorologische sowie hydrologische Vorgänge zur Darstellung. Da nur wenige physisch-geographische Prozesse der unmittelbaren, realen Anschauung zugänglich sind (z.B. fließende Lava, „Kalben" eines Gletschers), überwiegen Filme mit häufigem formalem Aussagewechsel zwischen Realfilm- und Trickfilmsequenzen (z.B. Verdunstung, Wasserkreislauf). Für Prozesse, die keinerlei direkte Anschauung zulassen, findet sich die reine Trickfilmdarstellung. Da der Trickfilm lediglich Veranschaulichung bietet, aber keine Beweiskraft hat, ist – gewissermaßen als Beweis und als reale

Momentaufnahme des schematisch gezeigten Prozesses – mitunter ein Diapositiv beigefügt, das die Wirklichkeit zeigt. Diapositive von Trickbildern oder erläuternden Schemazeichnungen können das Medienangebot ergänzen.

Satellitenbild-Arbeitsstreifen können unter Ausnutzung des Zeitraffereffektes großräumige Wettervorgänge veranschaulichen, wobei sie eine starke dynamische Komponente erlangen. Ein erstes Beispiel liegt mit dem Film *Wetterbeobachtung aus dem Weltraum* (35 5796, Westermann) vor, in dem Wolkenbewegungen, Zyklonenbildungen, Zusammentreffen unterschiedlicher Luftmassen u.a. gezeigt werden. Mit dem Satellitenbild-Arbeitsstreifen *Geologie aus dem Weltraum* (35 5797, Westermann) bietet sich eine weitere Nutzungsmöglichkeit extraterrestrischer Filmaufnahmen. Der Film motiviert vor allem durch die Demonstration der Infrarotphotographie und des Falschfarbenfilms.

Eine Mittelstellung zwischen der Demonstration echter Naturvorgänge und ihrer Darstellung im Trickfilm nimmt der Experimentfilm ein. Vom Motiv her ist er zwar ein Realfilm, die dargestellten Experimente sind jedoch nur vergröberte, modellhafte Nachbildungen der Natur. Da mit einem Experiment neben der Demonstration fast immer auch eine Beobachtungsaufgabe verbunden ist, kann der Arbeitsstreifen als nahezu ideales Medium zur Visualisierung von Experimenten angesprochen werden.

In Abhängigkeit von der jeweiligen Akzentuierung sind Arbeitsstreifen über Umweltprobleme mehr der Physischen Geographie oder mehr der Wirtschafts- und Sozialgeographie zuzuordnen. In ihrer Mehrzahl stellen sie Verursacher, Formen und Folgen der Umweltbeeinträchtigung vor.

3.2.2 Arbeitsstreifen zur Wirtschafts- und Sozialgeographie

Die Mehrzahl dieser Filme demonstriert geographisch relevante Produktions- und Entwicklungsvorgänge)oindustrielle Fertigungsprozesse, handwerkliche Arbeitsweisen, das Funktionieren technischer Einrichtungen, Verlade- und Transportmethoden. Beispiele sind etwa: *Stahlerzeugung* (99 984, Klett), *Krabbenfang im Wattenmeer*, (99 1229, Klett), *Wasserkraftwerk*, (36 0490, FWU und 35 5801, Westermann), *Hausbau bei den Papuas*, (36 0295, FWU), *Massengutumschlag* (99 1189, Klett).

Daneben wurden Filme entwickelt, die verstärkt den Menschen in seiner Umwelt behandeln und die Ansprüche menschlicher Gruppen an den geographischen Raum artikulieren. Sozialgeographische Filme, die räumliche Auswirkungen der Daseinsfunktionen behandeln, – z.B. *Reisen und Erholen im Harz* (35 5064, Westermann), *Urlaub an der See*, (99 1159, Klett), *Flurbereinigung und Dorferneuerung*, (99 1149, Klett) – bieten einen großen Anreiz zu problembezogener Diskussion. Leider sind derartige Arbeitsstreifen noch sehr selten.

3.2.3 Arbeitsstreifen zur Mathematischen Geographie und Kartographie

Diese Arbeitsstreifen behandeln die Erde als Himmelskörper (z.B. *Tageszeiten*, 35 5055, *Jahreszeiten*, 35 5056, beide Westermann) und ihre Darstellung im Kartenbild, wobei mit dem Film *Kartensignaturen – Lagerstätten und Raffinerie* (35 5052, Westermann) auch bereits die thematische Kartographie angesprochen wird. Im Gegensatz zu den meisten erdkundlichen Arbeitsstreifen, die ausschließlich auf kognitive Lernziele ausgerichtet sind, werden hier mit der Darstellung facheigener Arbeitsweisen teilweise auch instrumentale Lernziele intendiert. So hat der Film *Geländedarstellung auf der Karte* (35 5021, Westermann) das Verständnis und den sicheren Umgang mit Isohypsen, Schummerung usw., der Film *Maßstab und Karte* (35 5051, Westermann) die Beherrschung des Maßstabes zum Ziel. Ähnlich wie die Experimentfilme benutzt die Mehrzahl dieser Elementfilme ausschließlich abstrahierende Modelle (Globus, Tellurium) bzw. Trickzeichnungen. Die Kombination mit Realfilmsequenzen vom Hubschrauber (z.B. *Vom Luftbild zur Karte*, 35 5020, Westermann) oder vom Satelliten aus (z.B. *Die Erde aus dem Weltraum*, 35 5795, *Mondfinsternis*, 35 5053, beide Westermann) läßt demgegenüber den betrachtenden Schüler einer originalen Begegnung weitaus näher kommen und erleichtert die Übertragung der gewonnenen Einsichten in die Wirklichkeit und die Anwendung des Gelernten beim Umgang mit Karte und Atlas.

3.2.4 Arbeitsstreifen zur Vorstellung konkreter Raumausschnitte als Raum- und Landschaftstypen

Wie auch KETZER (1974) ausführt, ist der Elementfilm allein in der Regel ungeeignet, das räumliche Geflecht funktionaler Beziehungen eines Erdraumes hinreichend vollständig darzustellen. Die Einsicht in ein komplexes geographisches Gefüge mit Hilfe des Films erfordert so viele Einzelbeobachtungen, daß die Fünf-Minuten-Grenze des Arbeitsstreifens weit überschritten würde. Der Elementfilm vermittelt als „didaktisches Montageteil" in der Regel nur Teileinsichten, die erst in Kombination mit Erkenntnissen, die auf anderem Wege gewonnen wurden (vgl. den Beitrag von J. NEBEL in diesem Band), zu geographischen Einsichten werden.

Kürzere Einzelbeobachtungen, wie sie der Elementfilm bietet, können jedoch dann von größerer geographischer Aussagekraft sein, wenn sie einen Raum im Überblick aus der Luft zeigen. Derartige Luftbild-Arbeitsstreifen, auch Luftbildfilme genannt, wurden in jüngster Zeit entwickelt. Während die didaktische Funktion des unbewegten Luftbildes (Luft-Diapositiv) z.B. für die geographische Raumvorstellung oder das Kartenverständnis der Schüler unbestritten sein dürfte, erscheint die Frage berechtigt, ob nicht generell das Luftbild-Dia wegen seines größeren Auflösungsvermögens und der Möglichkeit zu ausgiebiger Betrachtung und Interpretation den flüchtig vorbeiziehenden Eindrücken des Luftbild-Arbeitsstreifens vorzuziehen ist.

Obwohl im Luftbild-Arbeitsstreifen keine Vorgänge gezeigt werden, kann ihm doch eine gewisse Dynamik infolge des mitempfundenen Flugerlebnisses und der wechselnden Perspektiven des Betrachters (Betrachtung aus verschiedenen Höhen, Entfernungen und Himmelsrichtungen) nicht abgesprochen werden. Der Schüler kann eine Agrarlandschaft, eine Stadt, einen Hafen gewissermaßen „von allen Seiten" betrachten und untersuchen. Dies ist mit dem starren Luftbild nicht möglich. Auch mit einer Luftbild-Diaserie, die einen Raumausschnitt unter verschiedenen Perspektiven zeigt, läßt sich diese Wirkung des Luftbild-Arbeitsstreifens nicht erreichen. Es fehlt das Flugerlebnis. Außerdem tritt die Schwierigkeit der räumlichen Orientierung bei jedem Luftbild erneut auf. Beim Luftbildfilm bedeutet die Orientierung für den „mitfliegenden" Schüler kein Problem, da der Raum besser empfunden wird.

4 Zur Selbstproduktion von Arbeitsstreifen

Nach JAKAT (1977) liegt die Innovationszeit von Unterrichtsfilmen bei 6 bis 8 Jahren (Planung und Produktion: 2 – 3 Jahre; Kopieren und Verteilen: 2 Jahre; Bekanntwerden des Films: 2 – 3 Jahre). Beim kommerziellen Elementfilm dürfte die Innovationszeit etwas geringer sein, da der Film den Schulen direkt zum Kauf angeboten wird. Je nach Filminhalt besteht die Gefahr, daß ein Film bereits 10 Jahre nach seiner Planung veraltet und unbrauchbar geworden ist. Man denke etwa an die diesbezüglichen Auswirkungen der Neuorientierung der Erdkunde in den letzten Jahren.

Die Forderung nach zeitlich aktuellen Filmen läßt sich ergänzen durch diejenige nach räumlich aktuellen. Damit sind Filme gemeint, die geographisch relevante Themen aus dem unmittelbaren Handlungs- und Erfahrungsraum der Schüler behandeln. Abgesehen von seltenen Zufällen fehlen verständlicherweise im kommerziellen Medienangebot Filme, die dem jeweiligen Schulort und seiner Umgebung gewidmet sind. Damit soll nicht der Heimatkunde alten Stils oder dem länderkundlichen Gang mit dem Prinzip „vom Nahen zum Fernen" wieder zum Leben verholfen werden. Es geht vielmehr um die Auseinandersetzung mit geographisch bedeutsamen Lebenssituationen und raumrelevanten gesellschaftlichen Prozessen im Lebensraum des Schülers, die ihn befähigen soll, Kriterien für das eigene Verhalten in seiner Umwelt zu gewinnen. Letztgenannte Qualifikation ist in dem Maße notwendiger geworden, in dem die menschliche Gesellschaft zu einem raumbeanspruchenden und umweltgestaltenden Faktor geworden ist. Räumlich aktuelle Filme sollten deshalb speziell sozialräumliche und ökologische Blickrichtung haben. Als Themen für selbstproduzierte Filme aus der Schulumgebung bieten sich beispielsweise an:

- Naherholung (Inhalt: Freizeiteinrichtungen, Freizeitverhalten, Inanspruchnahme der Freizeiteinrichtungen zu verschiedenen Zeiten, Umweltbelastung durch Freizeiteinrichtungen und deren Infrastruktureinrichtungen)
- Stadtverkehr (Inhalt: Öffentlicher Verkehr und Individualverkehr zu verschiedenen Tageszeiten z.b. an einer Zubringerstraße und/oder einem Busbahnhof, einer U-Bahnhaltestelle, S-Bahnhaltestelle usw.)
- Fernreiseverkehr (Inhalt: Szenen in einem Bahnhof, Passagiere und Züge während einer Hauptreisezeit, Ferienreisende, Gastarbeiter, Pendler)
- City (Inhalt: Straßen und Gebäude während und außerhalb der Geschäftszeit)
- Einkaufen (Inhalt: Einkaufen im „Laden um die Ecke", im Verbrauchermarkt (Einkaufszentrum) auf der „grünen Wiese", im Warenhaus in der City, im Fachgeschäft, auf dem Wochenmarkt)
- Abfallbeseitigung (Inhalt: Hausmüll, Müllabfuhr, Müllbehandlung (Verbrennung, Kompostierung), Mülldeponie)
- Unterrichtsexperimente. Experimente im Geographieunterricht sind meist sehr aufwendig und deshalb sehr selten. Eine Verfilmung gelungener Experimente lohnt allein deshalb, weil die Experimente dann als Filmkonserve jederzeit problemlos zur Verfügung stehen. Nicht selten ist der Experimentfilm sogar dem Experiment überlegen, z.B. bei großer Schülerzahl, kleiner und deshalb schlecht zu beobachtender Versuchsanlage usw. (vgl. NOLZEN 1978).

Selbstverständlich stellen selbstproduzierte Elementfilme nur eine Ergänzung, nicht aber einen Ersatz der kommerziellen Arbeitsstreifen dar. Sie bieten neben der Bereicherung des Medienangebotes noch weitere Vorteile. Der filmproduzierende Lehrer gewinnt eine veränderte Einstellung zum käuflichen Medienangebot und wird ihm, vermöge seiner eigenen Erfahrungen kritischer aber auch aufgeschlossener gegenüberstehen. JAKAT formuliert: „Selbstproduktion . . . hat Reizwirkung bei „Medienmuffeln". BRUCKER (1976, S. 33) meint sogar: „Nur wer selbst Medien produziert hat, ist in der Lage, seine Kenntnisse über Medien und seine Fähigkeit zur mediendidaktischen Analyse am eigenen Tun zu überprüfen und umgekehrt." Bezieht der Lehrer die Schüler mit in die Drehbuchgestaltung und die Dreharbeiten ein, werden diese in kaum überbietbarer Weise motiviert und gelangen zu vertiefter Erkenntnis des behandelten Themas. Auch das Erlebnis der sozialen Kommunikation bei der Realisation eines solchen gemeinsamen Projektes ist pädagogisch wertvoll. Aber auch für Schüler, die nicht an den Filmarbeiten mitgewirkt haben, ist die Betrachtung eines solchen Films von Schülern für Schüler von besonderem Reiz, sind in seine Gestaltung doch Überlegungen eingeflossen, wie Schüler eine Sache sehen wollen, damit diese für sie selbst besonders interessant und anschaulich erscheint. Daß derartige mediendidaktische Überlegungen durch Schüler verwertbare Ergebnisse liefern, hat MARTHALER (1972) durch Sammlung von Schüleräußerungen zu Unterrichtsfilmen nachgewiesen.

Im Hinblick auf die Kosten eines selbstproduzierten Films, auf den zeitlichen Aufwand, und die gebotene Überschaubarkeit des Unternehmens bietet sich der stumme S-8-mm-Film geradezu an. Filmtechnisch sollte man sich auf den Realfilm beschränken und allenfalls den Sachtrickfilm (Zeitlupe, Zeitraffung, Einblendung usw.) in Erwägung ziehen. Die aufgeführten Beispiele für selbstproduzierte Filme sind relativ leicht zu realisieren. Sie erfordern lediglich die Darstellung realer Bewegungsabläufe und vergleichsweise wenig Bildschnitte. Die Technik der Selbstproduktion wird von JAKAT beispielhaft am Film *Überquerung der Hauptstraße im Schulbezirk* (für Schüler des 2. bis 4. Schuljahres) dargelegt. Aus der lesenswerten Anleitung Jakat's seien hier nur die Angaben über Kosten und Zeitaufwand wiedergegeben. Die verwendete Filmkamera (Super 8) der Mittelklasse kostete etwa DM 600.-. Geht man davon aus, daß sich in erster Linie Amateurfilmer, die bereits eine Kamera besitzen, für die Selbstproduktion von Arbeitsstreifen interessieren, entfallen diese Kosten. Dies gilt auch für die Ausgaben zur Beschaffung eines Stativs (Dreibeinstativ mit stufenloser Höhenverstellung, Horizontal- und Vertikaleinstellung des Kinokopfes, Preis etwa DM 85.-). An Filmmaterial wurden zwei Super 8 Farbfilme (17 DIN) für je DM 9.- benötigt. Die Filmminute kostete somit ca. DM 3.-. Die Vorbereitung nahm zwei Personen mit je zwei Stunden (Schreiben des Drehbuches, Ortsbesichtigung) in Anspruch. Selbstproduktion von Arbeitsstreifen als Form der Unterrichtsvorbereitung liegt also durchaus im Rahmen des Möglichen. Nicht verschwiegen werden soll ein Nachteil des selbstproduzierten Films: er ist infolge des relativ bescheidenen technischen Aufwandes für die Vervielfältigung weniger gut geeignet.

5 Literatur

BRUCKER, A.: Was ein Lehrer über Medien lernen muß. In: Lehrmittel aktuell. Braunschweig, 1/1976, S. 31 – 33.
JAKAT, U.: Selbstproduktion von Filmen. Dargestellt am Thema „Überqueren der Hauptstraße im Schulbezirk". In: Lehrmittel aktuell. Braunschweig, 3/1977, S. 37 – 40.

KETZER, G.: Der Film im Erdkundeunterricht. In: Der Erdkundeunterricht. Stuttgart, 15/1972.

KETZER, G.: Der Super-8-mm-Film, seine Entwicklung und Verwendung im Erdkundeunterricht als Arbeitsstreifen. In: AV-Praxis. München, 11/1974, Jhg. 24, S. 5 – 11.

KRANKENHAGEN, G. (Hrsg.): Kleines AV-Lexikon: Begriffe, Institutionen. Stuttgart 1976.

MARTHALER, A.: 8-mm-Kurzfilme im Vergleich zu 16-mm-Tonfilmen im Urteil der Schüler eines Gymnasiums. In: AV-Praxis. München, 8/1972, S. 14 – 18.

NOLZEN, H.: Hydrologische Experimente und Experimentfilme im Erdkundeunterricht. In: Beiheft Geographische Rundschau „Geographische Experimente". Braunschweig, 1978.

NOWAK, W.: Elementfilme. In: Lehrmittel aktuell. Braunschweig, 5/1972, S. 2 – 6.

ORTNER, R.: Die didaktische Funktion des Arbeitsstreifens im Sachunterricht der Grundschule. In: AV-Praxis. München 5/1975, Jhg. 25, S. 14 – 19.

Der 16-mm Tonfilm
Beispiel: *Zwei Wüsten* (32 2666, FWU)

1 Unterrichtsbeispiel

Entscheidend für die Struktur des Beitrages ist der Umstand, daß die wichtigsten Überlegungen bei der Planung des Unterrichts vom Lehrer anzustellen sind und daß hierfür vielfältiges fachwissenschaftliches, pädagogisches und didaktisches Wissen vorausgesetzt werden muß. Um die Verschränkung von Vorwissen und Planung zu realisieren, soll der Versuch unternommen werden, den Planungs- und Realisationsprozeß vom Unterricht zu beschreiben, und zum Verständnis für die Entscheidungen und zur Vertiefung an Abschnitte zu verweisen, die nachgestellt werden.

1.1 Lehrplansituation

Ausgangspunkt sei eine Unterrichtssituation in der Orientierungsstufe. Die Lehrpläne fast aller Bundesländer schreiben für die 5. oder 6. Klassenstufe den Themenkreis „In trockenen Gebieten der Erde" oder „Bewässerungskulturen" vor. Nehmen wir z.B. die Hamburger Richtlinien und Lehrpläne für die Beobachtungsstufe der Volksschule 1973, die für die Klassen 5/6 als zweiten Unterabschnitt (mit ca. 8 Stunden) verbindlich vorschreiben: „Hitze und Trockenheit als Hindernis der Versorgung des Menschen in Trockengebieten". Inhaltlich sind folgende Themen zu berücksichtigen: Klima und Oberflächenform der Wüste, Vegetation und Nutzungsmöglichkeiten in Trockenräumen, das Leben der Oasenbewohner, das Leben der Nomaden, moderne Veränderungen der Oase.
Eingedenk des Umstandes, daß Schüler der Orientierungsstufe nur über lückenhafte Anschauungen zu diesem Stoff verfügen, die weitgehend ungeordnet sind, und mit Rücksicht auf die gerade in der Orientierungsstufe wichtigen instrumentellen Lernziele sowie im Hinblick auf den methodischen Hinweis der Richtlinien, den Unterricht auf selbständige Informationsgewinnung und -verarbeitung auszurichten, beschließt der Lehrer, den Unterricht mit audiovisuellen Medien zu gestalten.

1.2 Medienangebot

In vielen Fällen wird der Lehrer schon im Lehrplan Hinweise auf Medien finden. Weitere Hilfen bieten Lehrerhandbücher zu Unterrichtswerken. Ergänzend ist der Katalog des Medienzentrums/Bildstelle (meist identisch mit dem des FWU) heranzuziehen, um nach neueren Titeln zu suchen, die ausgeliehen werden können. Für die zur Diskussion stehende Thematik findet man an den angegebenen Stellen eine umfangreiche Liste verschiedenartiger Medien aus der Produktion des FWU und von Verlagen. Bei der Durchsicht der Begleitkarten, die vom FWU seit 1971 in zunehmendem Umfang an alle Schulen versandt werden, stößt der Lehrer zusätzlich noch auf ein neu erschienenes Medium, den Tonfilm *Zwei Wüsten*.

1.3 Sichtung des Medienangebotes und Medienwahl

Schon bei der Durchsicht des FWU-Kataloges lassen sich unter anderem folgende Kriterien für die Eingrenzung in Betracht kommender Titel anwenden:
Niedrige Bestellnummern, die auf ältere und vielleicht nur noch zum Teil oder unter bestimmten Bedingungen brauchbare Medien hindeuten, bzw. Angabe des Produktionsjahres bei Tonfilmen;
Schwarzweiß-Medien, die von Schülern unter dem Einfluß des Farbfernsehens leicht als veraltet klassifiziert werden und daher einer besonderen didaktischen Begründung bzw. Motivation bedürfen;
die frühzeitige oder grundsätzliche Festlegung eines Lehrers auf Stehbilder oder Filme aus den verschiedensten Gründen oder Rücksichten.
Dadurch verringert sich die Zahl der Medien, für die nähere Informationen eingeholt werden sollen. Über die Medien des Schularchivs geben die dazugehörigen Informationsblätter Auskunft. Für 16-mm Tonfilme, die beim zuständigen Medienzentrum/Bildstelle auszuleihen sind, besitzt jede Schule eine Sammlung von Begleitkarten im Rektorat, Lehrerzimmer, in der Bücherei oder in der Lehrmittelsammlung. Diese zwei bis vierseitigen DIN-A-5-Blätter enthalten stets in kurzer Form technische Angaben, Adressaten, Lernziele, Vorkenntnisse und eine Annotation zu Inhalt und Gestalt.
Da in der Regel Tonfilme von den Medienzentren nur für eine Woche ausgeliehen werden, ist es dem Lehrer nicht möglich, schon bei Beginn der Unterrichtsplanung aufgrund eigenen Urteils die Medienentscheidung zu treffen. Er muß sich daher bei neuen Filmen auf die Angabe des Katalogs und der Begleitkarte verlassen und einen Risikospielraum einkalkulieren. Für die spätere wiederholte Verwendung empfehlen sich persönliche Notizen zum Film, die die

Medienwahl vereinfachen und die Vorbereitungszeit für den Unterricht abkürzen.

Im Idealfall, der in der Praxis in der Regel nur bei Lehrproben und ähnlichen besonderen Anlässen praktiziert wird, erfolgt im Rahmen der Unterrichtsplanung eine Analyse des oder der zur voraussichtlichen Verwendung ausgewählten Filme/Films. In unserem Fall vermittelt die Begleitkarte in kurzer Form Ergebnisse einer Filmanalyse. *Zum Inhalt:* Erscheinungsbild der beiden Wüsten, Lebens- und Wirtschaftsweise in beiden Räumen, Wasserwirtschaft und unterschiedliche Landnutzung. *Zur filmischen Form:* Kommentar von einem Araber, einem Amerikaner und einem neutralen Sprecher. *Zur Methode:* „Vergleichend", der Film endet mit einer Frage.

Aufgrund dieser und weiterer Angaben gewinnt der Lehrer den Eindruck, daß dieser Film sich mit seinen unterrichtlichen Intentionen deckt und geeignet ist, die lehrplanmäßig vorgegebenen Ziele zu erreichen. Besonders hoch bewertet der Lehrer das angegebene Lernziel: „Beurteilen, ob beide Wüsten unterschiedliche Voraussetzungen für die Umgestaltung durch den Menschen bieten."

1.4 Unterrichtsplanung und -verlauf

Es darf erwartet werden, daß allein schon die Nennung des Begriffs „Wüste", die den Raum kennzeichnet, mit dem wir uns beschäftigen wollen, in der Klasse motivierend wirkt. Die Ermittlung des außerschulisch erworbenen Vorwissens durch Aufforderung zu Schüleräußerungen wird mit großer Wahrscheinlichkeit ein Bild ergeben mit den Dominanten Sandmeer, Karawane, Oasen, Nomaden und mit den Akzenten Wassernot – Ölreichtum. Als Wüstengebiete dürften an erster Stelle die Sahara und danach Arabien wenigstens dem Namen nach bekannt sein. Die Erwähnung, daß Südkalifornien zu den Wüsten der Erde gehört, wird viele Schüler überraschen.

Nach einem kurz gehaltenen Einführungsgespräch soll der Film vorgeführt werden, um ein anschauliches Bild der Lebensbedingungen zu vermitteln und durch die Stellungnahme der Bewohner Impulse zu weiteren Überlegungen zu geben. Das Gespräch nach der Vorführung des Films wird die Erkenntnis eines Geflechts von Fakten, Meinungen und Bestrebungen vermitteln und einmünden in die Gliederung des Themas in einzelne Problemfelder, für die in Einzel-, Gruppen- oder Partnerarbeit Informationsmaterial in Haus- und Klassenarbeit gesucht und geordnet werden kann. Im Klassenverband erfolgt dann die Aufarbeitung der Einzelergebnisse, ihre Zusammenfassung und Sichtung.

Der geplante Verlauf des Unterrichts kann, soweit er den Film betrifft, folgendermaßen skizziert werden:

1. Stunde

- Motivation: Begriff „Wüste" als Impuls für Schüleräußerungen (5 Minuten). Hinweis: Oasen sind vom Menschen umgestaltete Wüsten.
- Technische Vorbereitung der Tonfilmvorführung (4 Minuten)
- Vorführung des Films (16 Minuten)
- Gespräch zur Aufarbeitung spontaner Äußerungen und Fragen (5 Minuten)
- Überleitung zur Sammlung der durch den Film gegebenen Informationen und Meinungen im arbeitsteiligen Unterricht. (10 Minuten) (s. Abbildung Tafelbild 1 und 2)
- Feststellung offener Fragen im Klassengespräch und Aufgabenstellung für die Hausarbeit mit Hilfe von Schülerarbeitsbüchern, Atlas und eventuellen weiteren Materialien der Schule und der Schüler (5 Minuten)

2. Stunde

- Gelegenheit für die Gruppen, die Einzelergebnisse ihrer Mitglieder zusammenzufassen (15 Minuten)
- Vortrag der Gruppenergebnisse und kritische Aussprache mit der Klasse (25 Minuten) (s. Abbildung Tafelbild 3)
- Aufgabenstellung für die weitere Arbeit am Thema/Themenkreis (5 Minuten) (s. Abbildung Tafelbild 4)

Den Unterricht möglichst langfristig vorauszuplanen, ist nicht nur ein didaktisches Erfordernis, sondern in vielen Städten und Landkreisen auch Bedingung für die frühzeitige Bestellung der Filme im Medienzentrum, um sicher gehen zu können, zum geplanten Zeitpunkt auch über den Film verfügen zu können. Wenn der Film neu ist und der Liefertermin es ermöglicht, sollte der Lehrer sich auf jeden Fall den Film vor der unterrichtlichen Verwendung ansehen, um die Begleitkarteninformationen durch den persönlichen Eindruck abzusichern. Der Lehrer schaut sich einen Film, den er noch nicht kennt, in einer Freistunde im Lehrmittelzimmer der Schule auf einem kleinen Bildschirm mit folgender Fragestellung an:

Wie ist der Film formal gestaltet? (Realfilm mit Musik; keine Zwischentitel oder Stopstellen, die eine abschnittsweise Vorführung erleichtern.)

Welche Inhalte vermittelt er? (Naturbedingungen und wirtschaftliche Erschließung der Sahara und der südkalifornischen Wüste Sonora)

Wie ist seine mögliche Funktion im Unterricht? (Informierend und durch persönlich gefärbte Kommentare motivierend, daher tunlich zu Beginn der Unterrichtseinheit zu verwenden.)

Wie beeinflußt der Film den nachfolgenden Unterricht? (Der Film endet mit zwei Fragen, die unterrichtlich aufgegriffen werden müssen, um nicht gegen den Film zu unterrichten. Die Aussagen des Arabers und des Amerikaners lassen rege Schüleräußerungen erwarten und fordern zum Urteilen heraus.)

Zwei Wüsten

Unterrichtsgang

Hinführung zum Film (Karten)

Filmvorführung

Auswertung im Unterrichtsgespräch

Auswertung in Gruppenarbeit

Auswertung im Unterrichtsgespräch

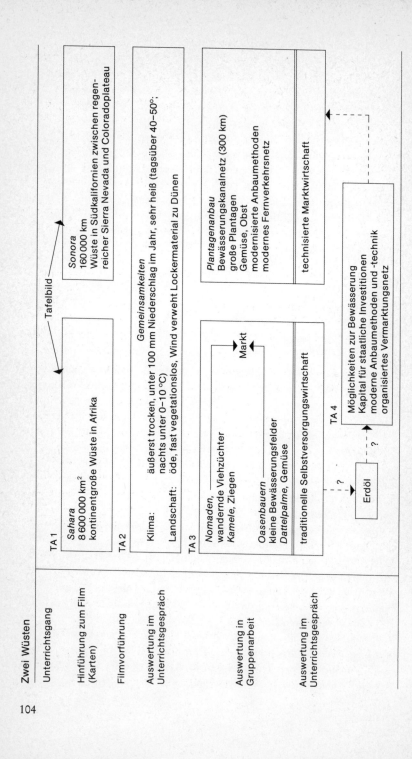

Tafelbild

TA 1

Sahara
8 600 000 km²
kontinentgroße Wüste in Afrika

Sonora
160 000 km
Wüste in Südkalifornien zwischen regenreicher Sierra Nevada und Coloradoplateau

TA 2

Gemeinsamkeiten

Klima: äußerst trocken, unter 100 mm Niederschlag im Jahr, sehr heiß (tagsüber 40–50°; nachts unter 0–10 °C)

Landschaft: öde, fast vegetationslos, Wind verweht Lockermaterial zu Dünen

TA 3

Nomaden, wandernde Viehzüchter
Kamele, Ziegen

Oasenbauern
kleine Bewässerungsfelder
Dattelpalme, Gemüse

traditionelle Selbstversorgungswirtschaft

Markt

Plantagenanbau
Bewässerungskanalnetz (300 km)
große Plantagen
Gemüse, Obst
modernisierte Anbaumethoden
modernes Fernverkehrsnetz

technisierte Marktwirtschaft

TA 4

Erdöl

Möglichkeiten zur Bewässerung
Kapital für staatliche Investitionen
moderne Anbaumethoden und -technik
organisiertes Vermarktungsnetz

Über die bisherigen Informationen hinaus erkennt der Lehrer bei der eigenen Besichtigung, daß die Musikuntermalung des Films eine bestimmte Funktion hat: Sie wechselt ihren Charakter mit dem Schauplatz und unterstützt das Urteil, ob wir uns in Afrika oder in Amerika befinden. Die afrikanische Musik ist getragen, elegisch; die amerikanische dagegen rhythmischer, optimistischer. Davon geht eine emotionale Wirkung auf den Betrachter aus, mit der Tendenz, die Aussagen über Afrika skeptischer und jene über Amerika positiver zu sehen. Der Lehrer beschließt daher, an geeigneter Stelle diesen Effekt des Mediums bewußt zu machen und für die Beurteilung der beiden Länder zu berücksichtigen.

Ein Unterrichtsversuch mit dem Film ergab, daß als wesentliche Unterschiede zwischen den beiden dargestellten Wüsten die geringere Ausdehnung der Sonora-Wüste und die Nähe des Koloradoflusses erkannt wird. Andererseits verführten die Obstplantagen dazu, zunächst auf reichere Niederschläge in der Sonora zu schließen; die dortigen Kanäle wurden für kanalisierte Flüsse gehalten. Auch zur Frage, warum die beiden Wüsten so unterschiedlich entwickelt wurden, konnten die Schüler selbständig richtige Einsichten gewinnen. Es wurden aber auch diese Aussagen gemacht: „Die Menschen in der Sonora bemühen sich, etwas aus ihrem Land zu machen und die in der Sahara nicht" oder „Wegen des Tourismus soll die Sahara so erhalten bleiben, wie sie im Moment ist". Daraus ergibt sich die Möglichkeit, mit der Klasse über Ausgangspunkt und Ziele wirtschaftlicher und sozialer Entwicklung zu sprechen.

1.5 Alternative Möglichkeiten des Filmeinsatzes

Andere Filme, die einen stärker affirmativen Charakter haben und nicht wie der als Beispiel gewählte durch ihre Aussage zum Widerspruch oder zur Diskussion herausfordern, sind geeignet, auch am Ende einer Unterrichtseinheit zu stehen, um Ergebnisse zusammenzufassen und zu sichern, obwohl es immer etwas fragwürdig ist, bildhafte Anschauungen erst nachträglich Begriffen und Erkenntnissen zuzuordnen, statt von ihnen auszugehen. Da Wissen aber allgemein hauptsächlich verbal, schriftlich oder mündlich, tradiert wird und nur in wenigen Fällen aus der Beobachtung des Objektes heraus gewonnen wird, ist wohl kaum mit einer grundsätzlichen Änderung unseres Verhältnisses zum Bild und zum Bildtondokument zu rechnen. Daher ist ein solches Vorgehen vom Begriff zum Bild durchaus legal und z.T. auch notwendig.

Andere Ansätze für den Film *Zwei Wüsten* ergeben sich aus der Möglichkeit, zunächst am Beispiel der Sahara die Begriffe Wüste, Nomadismus und Oase zu erarbeiten und später am Beispiel Kaliforniens die Möglichkeiten der Bewässerungskultur zu studieren. Da wird der Film in der Mitte der gesamten Unterrichtseinheit seinen Platz haben. Der Schüler wird stärker auf Bildinformationen vorbereitet sein und die Nacharbeit kann entsprechend verkürzt werden. Für die 7. – 10. Klasse soll der Lehrplan von Rheinland-Pfalz als Beispiel dienen: „Erkennen, wie der Mensch wenig entwickelte Räume inwert setzt. Erkennen, wie der Mensch Räume durch landwirtschaftliche Nutzung inwert setzt ... Die Entwicklungsproblematik in verschieden strukturierten Räumen erkennen." Auch dann ist der Film ähnlich zu plazieren, wenn auch verkürzt zu behandeln. Man kann ihn aber auch ohne längere Einführung motivierend am Anfang der Stunde zeigen, seine inhaltliche und formale Diskussion auf den Rest der Stunde beschränken, um dann in späteren Stunden gelegentlich auf die eine oder andere Aussage zurückzukommen.

Ähnliches gilt für die Themen *Dritte Welt* und *Amerikanismus* in der Kollegstufe, für die man zunächst die Frage stellen muß, ob dieser Film noch ein geeignetes Medium ist. Im Falle der Verwendung, ist er auf die in ihm steckende Ideologie zu prüfen und von hier aus der Zugang zu Problemen der Entwicklung von Ländern im Grenzgebiet von Ökumene und Anökumene zu suchen. Eine besonders für die Orientierungsstufe zu empfehlende weitere Möglichkeit ist die abschnittsweise Vorführung des Films mit jeweils sofortiger Diskussion des Gesehenen, weitere Informationseingabe und Ergebnissicherung. So könnte nach der Darlegung der natürlichen Gegebenheiten in beiden Wüsten der Film angehalten werden, um das bisher Gesehene zu verarbeiten. Ein weiterer Halt der Filmvorführung kann nach der Darstellung der Lebensbedingungen in der Sahara eingelegt werden. Für dieses Verfahren muß man jedoch den erforderlichen Zeitaufwand bedenken. Um technische und organisatorische Schwierigkeiten mit dem noch nicht ganz vorgeführten Film und die Fortsetzung an derselben Stelle in der nächsten Stunde zu vermeiden, muß man sich bei der Unterrichtsplanung überlegen, ob der Film ganz gezeigt werden muß, wie der Schlußteil des Films bis Ende der Stunde gezeigt werden kann und welche Hausaufgabe gegebenenfalls daraus abzuleiten ist. Auch ist die Frage zu klären, ob überhaupt der Film wegen seiner Gestaltung bzw. wegen der Fülle der zu diskutierenden Inhalte ein solches Verfahren zuläßt.

2 Zur Theorie und Praxis des Tonfilms im Geographieunterricht

2.1 *Der Tonfilm und andere Medien*

Der Standort eines Mediums in der Didaktik wird im wesentlichen bestimmt durch die Inhalte, die das Medium geeignet ist in idealer Weise zu transportieren und die Lernprozesse, die dadurch eingeleitet werden. Diese Leistung des

Mediums ist zu prüfen am finanziellen, technischen und nicht zuletzt pädagogischen Aufwand. Da der Tonfilm das teuerste der gebräuchlichen Unterrichtsmedien ist, mit Herstellungs- und Verkaufspreisen, die die anderen Medien um das 10- bis 30fache übersteigen, ist die Frage nach dem pädagogischen Wert besonders angebracht.

Mit dem Stummfilm hat der Tonfilm die nahtlose Verknüpfung von Bildern gemeinsam, die bisher von keinem anderen Medium erreicht wurde und die nicht nur die Darstellung in der Realität ablaufender Vorgänge ermöglicht, sondern durch Schnitt bzw. Montage auch die assoziative Verbindung verschiedener Bilder bewirkt, so daß für das Nebeneinander dieser Bilder der Eindruck räumlicher und zeitlicher Nähe entsteht. Merkmal des Tonfilms ist die bis zur Verschränkung handhabbare Kombinierung von Bild und Ton, die so perfekt sein kann, daß ein intellektueller Akt notwendig ist, sie in ihre Elemente aufzulösen und unwirksam zu machen. Beim Unterrichtsfilm unter der Kontrolle eines demokratischen Staates muß grundsätzlich davon ausgegangen werden, daß die Möglichkeiten des Tonfilms nicht mißbraucht werden. Davon ist auch die Geographie betroffen, da es nur wenige geographische Vorgänge gibt, die in der realen Zeit gezeigt werden können, sondern fast immer unter Ausnutzung der assoziativen Bindung von Bild zu Bild und zu Geräusch, Wort oder Musik zeitlich und räumlich gerafft werden muß. Das gilt besonders auch für die Zustandsschilderung eines Raumes und seiner Gesellschaft, bei der die zeitliche Komponente eines Prozesses in den Hintergrund tritt. Soweit auf die natürliche Bewegung im Bild verzichtet werden kann, darf eine ähnliche Wirkung auch bei der Tonbildreihe vermutet werden; sie tritt in der Regel aber nicht ein, weil der nahtlose Bildanschluß vom Diaprojektor nicht geleistet wird und damit immer wieder die Realität der Vorführung ins Bewußtsein gebracht wird.

Da Filme auch elektronisch aufgezeichnet und wiedergegeben werden können, besteht zwischen Tonfilm und Fernsehen bzw. Videoband zunächst nur der technische Unterschied verschiedener Trägermaterialien. Dazu kommen noch Unterschiede der Bildschirmgröße, die eine verschiedenartige Wirkung beim Betrachter hervorrufen und auf die Gestaltung der Medien zurückwirken. Der kleine Bildschirm des Fernsehens oder Monitors vermag das Bild nicht in so viele Details aufzulösen wie die Großprojektion eines Films. Daher kommt dem interpretierenden Ton bzw. Wort, und der Nah- bzw. Großaufnahme beim Fernsehen eine größere Bedeutung zu. Das ist auch der Grund dafür, daß gute Schulfernsehsendungen, die der Geographielehrer gerne als Film zur ständigen Verfügung haben möchte, in der Filmprojektion viel von ihrer Wirkung einbüßen und es nicht ratsam ist, sie den Schulen als Film zugänglich zu machen. Das ist auch einer der Gründe für die Berechtigung des Nebeneinanders von Unterrichtsfilm und Schulfernsehen.

2.2 Filmanalyse

Eine exakte Filmanalyse kann nur mit einem Schneidetisch in praktikabler Form durchgeführt werden, bei dem das Bild auf einem genügend großen Schirm erscheint, und der Film schnell und langsam vorwärts und rückwärts transportiert und beliebig gestoppt werden kann. Die durchlaufende Bildlänge wird in Metern und Minuten gemessen. Wer eine solche Analyse beabsichtigt, findet ein gutes Beispiel bei WEMBER 1972. Eine derartige Analyse ist für eine filmkundliche Beurteilung notwendig. Für den normalen Unterricht kann jedoch auf sie verzichtet werden. Dafür genügt der Durchlauf durch den Projektor; doch sollte man die Möglichkeit vorsehen, zu stoppen, um sich Notizen zu machen. Für die Analyse eines Unterrichts-Tonfilms wird folgender Kriterienkatalog empfohlen:

Technische Kriterien
– Wie lang ist der Film bzw. wie lang sind seine einzelnen Abschnitte? Die katalogmäßige Angabe der Filmlänge bezieht sich meist auf den eigentlichen Informationsteil; der zusätzlich angeklebte Vor- und Nachspann zum Schutz des Films und zum Einfädeln kann mehr als eine Minute lang sein. Die gemessene Länge der für die Vorführung benötigten Zeit ist wichtig für die Disposition der übrigen Unterrichtszeit.

Inhaltliche Kriterien
– Welche Aussagen macht das Bild, welche der Kommentar bzw. der Ton? Hieraus ergibt sich, ob eine besondere Einführung notwendig ist.
– Folgen die Abschnitte/Sequenzen des Films einer erkennbaren Struktur? Diese Information ist wichtig, um zu entscheiden, ob der Film ganz oder abschnittweise vorgeführt werden soll, und ob vorher Beobachtungsaufgaben für die gesamte Klasse oder Gruppen gestellt werden sollen.
– Ist die Aussage des Films sachlich, literarisch, unterhaltend, neutral/distanziert oder subjektiv/provozierend? Danach richtet sich der didaktische Ort der Filmvorführung, und die Art der Auswertung als Quellenmaterial, Diskussionsanstoß, Zusammenfassung usw.

Formale Kriterien
– Wie ist der Charakter der Bilder? Ergänzungsfrage zur Vorhergehenden: z.B. dokumentarisch, stimmungshaft, nah am Objekt zur Betonung von Aktionen unter Ausklammerung der Umgebung.
– Wie sind sie aneinander gereiht? Weitere Hilfsfrage zur Ermittlung der Bildstruktur: Handlungsablauf mit fließenden Übergängen, Montage mit harten Schnitten, Trennung durch Blenden oder Zwischentitel.
– Wie verläuft der Kommentar? Parallel zum Bild, kontrastierend, das Bildverstärkend/abschwächend, pausenlos, in Blöcken, in Einzelsätzen/-wörtern.

- Warum, wann und wie lang gibt es Textpausen? Werden aufmerksamkeits-lenkende Mittel verwendet: Enge Bildausschnitte, Schrifteinblendungen, Trickdarstellungen?

Didaktische Kriterien im engeren Sinne
- Ist der Inhalt/das Darbietungstempo den Schülern angemessen? (Daraus ergibt sich, ob nur ein Teil oder Ausschnitt des Films gezeigt wird, und welche Vorkenntnisse vorher vermittelt werden müssen.) Hat der Film eine motivierende Einleitung/Titel oder wie motiviere ich ihn?

2.3 Filmform und didaktischer Ort des Tonfilms

Die filmische Form von Tonfilmen für den Geographieunterricht soll hier nur soweit interessieren, als sie didaktische Strukturen aufdeckt und bestimmte pädagogische Verhaltensweisen provoziert. Da die filmisch didaktische Form von verschiedenartigen Variablen abhängig ist, ist es unmöglich, ein eindimensionales Schema aufzustellen. Formal und dramaturgisch ist die Gliederung in Filmdokumente, Dokumentarfilme und Spiel- oder Erlebnisfilme. Für den Unterricht gestaltet ist in der Regel nur die Kategorie der Dokumentarfilme, das sind Filme, die mit den Mitteln des Tonfilms versuchen, einen nach didaktischen Kriterien definierten Ausschnitt aus der Wirklichkeit möglichst objektiv und unverzerrt (,,dokumentarisch") zu repräsentieren (z.B. *Im rheinischen Braunkohlenrevier*, 32 2646, und *Paris, Stadtplanung in der Region*, 32 2667). Ihr Platz im Unterricht kann auf den verschiedensten Stufen sein: Bei der Motivation, zur Information, Operation, Kognitation oder Translation. Filmdokumente sind Filme oder Filmteile, die für andere Zwecke entstanden sind und sich als didaktisch relevant erweisen (z.B. *Gletscher und ihre Ströme*, 30 0633). Sie eigenen sich überwiegend zur Motivation und Information. Ähnliches gilt für Spiel- und Erlebnisfilme, die ja auch Filmdokumente sein können (z.B. *Favela*, 32 2350).

In eine andere Dimension zeigen Bezeichnungen wie Motivations- und Lehr- oder Lernfilme. Hier geht es um die Objektivierung von Lehrerfunktionen im Film, die gerade beim Tonfilm stets hervortritt, weil er mit seiner Inanspruchnahme von Auge und Ohr und der festgelegten zeitlichen Gliederung dem Lehrer nur noch wenige Chancen der Unterrichtssteuerung läßt: Kürzung, Unterbrechung und eventuell noch Tonabschaltung bzw. Eigenkommentierung. Der Motivationsfilm zeichnet sich aus durch die Fähigkeit, Lernprozesse anzuregen. Er kann das tun durch ein Erlebnis, das zur Identifikation führt (z.B. *Gletschertour im Engadin*, 32 2499), oder durch die Methode des Vergleichs (z.B. *Zwei Wüsten*) oder durch die Herausforderung zur Stellungnahme/Informationssammlung mit provozierendem Bild und/oder Textelementen (z.B. *Fischkrieg. Island Kampf um seine 50-Meilen-Zone*, 32 2609). Ausgesprochene Motivationsfilme sind allerdings selten, weil bisher bei der Unterrichtsfilmproduktion davon ausgegangen wurde, daß zumindest ein Tonfilm immer motivierend sei, und Motivation ohne ein gerütteltes Maß an Information ein Luxus ist, den sich eine Schule kaum leisten könne.

Auch Lehr- und Lernfilme sind äußerst selten. Lernfilme sind für das Einzel- und Gruppenlernen gedacht und scheitern an den hierfür fehlenden zweckmäßigen Geräten sowie einem unverhältnismäßig hohen finanziellen und zeitlichen Aufwand für die Entwicklung. Der Lehrfilm für die Großgruppe oder Klasse verwendet Elemente des programmierten Unterrichts, bedarf der Erprobung und engt den Lehrer außerordentlich stark ein. Er schreibt Lerninhalte, Lernwege und zum Teil Lerntempo vor (z.B. *Warum weht der Wind?*, 32 2832). Die für den Geographieunterricht bisher praktizierte Form versetzt den Lehrer in die Rolle des Mitlerners oder Lernhelfers und verlangt von ihm in den Abschaltpausen die Adaption des vorgegebenen Lehrgegenstandes an die Individualität der Klasse. Die Seltenheit der Form kann andererseits aber wieder motivierend und damit besonders lernintensiv auf eine Klasse wirken.

Den weitesten Raum dieser Reihenfolge nehmen Informationsfilme ein, die der Präsentation der Lerninhalte dienen und ihre didaktische Struktur der Stoffauswahl und -gliederung verdanken.

Im Hinblick auf Lernziele ist zu unterscheiden zwischen Enrichment- und lernzielorientiertem Film. Als Enrichmentmaterial sind sehr viele ältere Unterrichtsfilme zu bezeichnen, da sie mit unscharfer Zielorientierung hergestellt wurden, oder ihre frühere Zielsetzung heute nicht mehr gültig ist. Sie sind geeignet, den Unterricht durch Anschauung und mehrkanalige Informationsvermittlung zu bereichern. Sie können ihn aber auch durch ihren Informationsreichtum belasten. Eindeutig zielorientierte Filme haben den Vorzug, kürzer zu sein als Enrichmentfilme. Ihre Produktion ist erschwert durch teilweise mangelhafte Übereinstimmung von konkreten Einzellernzielen in den verschiedenen Bundesländern.

In bezug auf die Veränderbarkeit der Medien durch den Lehrer sind Tonfilme eigentlich alle als komplex und daher schwer veränderbar zu bezeichnen. Nur wenige Tonfilme lassen sich durch Abschalten des Tons zu Beobachtungsfilmen umfunktionieren. Derartige Filme verlangen eigentlich eine besondere Gestaltung des Bildteils. Komplexe Tonfilme kann man kürzen und in Abschnitten zerlegen. Damit sind die wesentlichsten Möglichkeiten der Veränderung erschöpft. Apparatur und Leinwand legen den Frontalunterricht nahe, und die gemeinsame Stoffaufnahme für alle Schüler erschwert die Bildung von Beobachtungs- und Arbeitsgruppen. Andererseits schafft er eine gemeinsame Informations- und Diskussionsbasis für alle Schüler und verfügt über eine hohe und lernwirksame Informationsdichte.

2.4 Filmwirkung

Die Wirkung des Tonfilms rührt von seiner Möglichkeit her, Wirklichkeit so zu speichern und so wiederzugeben, daß sie für real gehalten werden kann. Diese Faszinationskraft beruht nicht nur auf der Kombination realer Bilder mit realem Ton, sondern auch auf deren Verstärkung durch Kamerabewegung, Bildschnitt, Nachsynchronisation und Tonmischung, so daß insbesondere am menschlichen Geschehen eine starke Anteilnahme erzeugt wird. Diese Wirkung wird noch weiter verstärkt durch die Farbigkeit des Bildes und die Dunkelheit des Betrachtungsraumes, so daß der Blick auf den Bildschirm gebannt werden kann, bis die reale Umwelt vergessen ist, und die Scheinwelt des Films Realität zu werden beginnt. Diese intensive Wirkung ist für Spielfilme höchstes Ziel.

Auch beim geographischen Unterrichtsfilm ist es ein erstrebenswertes Ziel, die wiedergegebene Realität erlebbar zu machen. Es gelingt ihm aber fast nie so vollständig wie beim Spielfilm, weil er unter Bedingungen antritt, die den Intentionen des Spielfilms entgegengesetzt sind. Unterricht im üblichen Sinne läuft immer so ab, daß dem Schüler das zu Lernende bewußt gemacht wird. Es gibt zwar hin und wieder auch Phasen im Unterrichtsprozeß, wo der Schüler unbewußt lernt. Doch handelt es sich meist um Nebenwirkungen, weil solches Lernen schlecht zu kontrollieren ist und nur sehr schwer bewußt angewandt werden kann. Der Unterrichtsfilm mit seinen vielen Manipulationsmöglichkeiten ist bisher solchen kritischen Bereichen des Lernens möglichst aus dem Weg gegangen. Er versucht, sich nüchtern und kontrollierbar zu geben, auch wenn er sich dafür den Vorwurf allzu großer Seriösität eingehandelt hat. Diese Tendenz wurde verstärkt durch die Abwendung vom Erlebnisunterricht, der die geografischen Unterrichtsfilme der Nachkriegszeit bis in die sechziger Jahre hinein sehr stark geprägt hat, zum lernzielorientierten Unterricht, der sich in strenger gerichteten, auf Wesentliches beschränkten und allgemein kürzeren Filmen äußert.

Wir müssen also zwischen gewollten und ungewollten Wirkungen des Tonfilms unterscheiden. Gewollt ist eine gewisse Informationsdichte, weil die Informationen mehrkanalig – über Auge und Ohr – aufgenommen werden, weil der Lehrer von der Stoffvermittlung entlastet werden soll, und weil gerade das bewegte Bild in der Lage ist, vielfältige Informationen in wesentlich kürzerer Zeit zu transportieren als die Sprache. Gewollt ist eine Erlebnisdichte, um zu motivieren und die Informationen einprägsamer zu machen. Gewollt ist manchmal auch eine Bild- oder Textinformation, die den Betrachter aufmerksam machen und zum Widerspruch reizen soll, um ihn in seinem Beobachtungsprozeß zu aktivieren. Gewollt ist oft auch ein Mehr an Information, als eigentlich für den Unterricht gefordert wird, um Schüler nicht durch Unterforderung zu langweilen und um den verschiedenartigen möglichen Akzentsetzungen des Lehrers entgegen zu kommen. Gewollt ist bei geographischen Unterrichtsfilmen eine zum Teil über die bloße Beschreibung hinaus gehende Deutung, Interpretation oder Erklärung eines Zustandes oder Vorganges, um den Unterricht nicht zu überfordern, und weil Themen nicht immer auf eine bestimmte Stelle des Unterrichts mit genau definiertem Vorwissen festgelegt sind.

Ungewollte Wirkungen sind viel schwieriger zu definieren, weil sie aus Ursachen entstehen, die beim Filmhersteller und beim Filmbetrachter liegen können. Sie gelten übrigens nicht nur für den Film, sondern für jede in der Geographie verwendete Art von Darstellung.

In dem Augenblick, in dem jedoch ein Geograph anfängt, ein Gebiet zu beschreiben, wird er selektiv (denn man kann unmöglich alles beschreiben), und in eben diesem Akt der Auswahl verrät er seine bewußte oder unbewußte Theorie oder Hypothese in bezug auf das, was ihm signifikant erscheint. (BURTON, 1963).

Hinzu kommt, daß es sich bei allen Beschreibungen der realen Welt um Wahrnehmungen handelt, die nach L. CURRY durch das mehrfache Filter der Voreinstellung, Beobachtungsfähigkeit und Darstellungsmöglichkeit gegangen ist. Die derart geprägten Signale treffen dann wieder auf die entsprechenden Filter des Betrachters, das heißt auf seine Entschlüsselungsfähigkeit optischer und akustischer Zeichen, auf sein Verständnis von bestimmten Begriffen, von realen Personen und Sachen, und sie treffen auf sein Raster bewußter oder unbewußter Theorien oder Hypothesen. Hier spielt auch noch hinein die Erkenntnis, daß man nur sieht (beobachtet, wahrnimmt, erkennt), was man weiß (auf deren Anblick man vorbereitet ist). Die Diskrepanz, die dabei entstehen kann, wird deutlich in dem Beispiel, das zu Wembers Analyse des Unterrichtsfilms „Bergarbeiter im Hochland von Bolivien" publiziert wurde: Die Autoren des Films zeigen die Unterernährung bolivianischer Kinder am Beispiel eines Kindes, das an der Straße bettelt, um seinen Hunger zu stillen, und unterstreichen die Bildaussage mit dem Kommentarsatz: „Jedes zweite Kind stirbt im ersten Lebensjahr an Unterernährung."

Der Kommentar nennt zwar die Fakten: „Jedes zweite Kind stirbt im ersten Lebensjahr an Unterernährung." Diese schockierende Aussage wird aber sofort abgeschwächt durch das Bild: Bergstraße mit Jeep, Kind bekommt ein Stück Brot. Die Aussage des Kommentars wird also aufgefangen durch die Aktion des Bildes, wo geholfen wird. (WEMBER, 1972, Seite 81)

Eine andere Art von Mißdeutung ist dem Film *Zwei Wüsten* bei einer Sichtveranstaltung von Lehrern widerfahren, indem er abgelehnt wurde, weil er das Klischee des lethargisch-selbstzufriedenen Arabers und des dynamisch-zupackenden US-Helden verbreiten helfe, und ein inhumaner Technologiefetischismus propagiert werde. Hier ist eine andere sehr häufige, ungewollte Wirkung eingetreten, nämlich, daß der Kommentar nicht als didaktisch fruchtbar zu machender Text, sondern als unwiderrufliche Aussage angesehen wird. Und noch etwas anderes geschieht sehr leicht, nämlich, daß ein Lehrer glaubt, weil er den Film ausgewählt hat, müsse er sich mit ihm identifizieren. Eines der wichtigsten allgemeinen Lernziele betrifft die kritische Distanz allen Informationen und allen Informanten gegenüber (Deutscher Bildungsrat, 1974). Wie kann man das beim Tonfilm im Geographieunterricht bewirken?

Erste Empfehlung: Den Raum, in dem der Film vorgeführt wird, nicht vollständig verdunkeln. (Die in technischen Lehrräumen vorhandene Notizenlichtschaltung wählen oder eventuell durch einen Vorhangschlitz in der hinteren Raumhälfte etwas Tageslicht einfallen lassen.) Dadurch wird zwar die Brillanz des Farbbildes beeinträchtigt, aber gleichzeitig die Kinoatmosphäre durchbrochen. Notizen sind möglich und Blickkontakte erleichtern Fragen und Hinweise. Der Schüler begreift, daß die Filmvorführung nicht Selbstzweck ist, sondern Unterrichtsgegenstand.

Zweite Empfehlung: Den Film nicht der Klasse zeigen, sondern gemeinsam mit der Klasse betrachten. Das erleichtert es dem Lehrer, mit den Schülern die kritische Distanz zum Film zu finden. Der Unterrichtsfilm soll nicht Demonstrationsobjekt sein mit der Aufgabe, ein Stück Wirklichkeit zu repräsentieren, sondern Gesprächsanlaß, Informant (dessen Aussage es zu hinterfragen gilt) und Diskussionsanstoß.

3 Literatur

BURTON, J.: The Quantitative Revolution and Theoretical Geography. In: The Canadian Geographer, Bd. 7. Ottawa 1963, S. 151 – 162.

Deutscher Bildungsrat: Zur Förderung praxisnaher Curriculum-Entwicklung. Stuttgart 1974.

Freie und Hansestadt Hamburg: Richtlinien und Lehrpläne, Bd. 2. Hamburg 1974.

FUSSHOELLER, W.; SCHROETER, E.: Der Film im Sachunterricht. Weinheim 1977.

KETZER, G.: Der Film im Erdkundeunterricht. In: Der Erdkundeunterricht. Stuttgart 15/1972.

KRAUSS, H.: Der Unterrichtsfilm. Donauwörth 1972.

RUPRECHT, H.: Lehren und Lernen mit Filmen. Bad Heilbrunn 1970.

WEMBER, B.: Objektiver Dokumentarfilm? Modell einer Analyse und Materialien für den Unterricht. Berlin 1972.

Jürgen Nebel

Medienkombination im Geographieunterricht

1 Problemhorizont

Die Vielzahl der Begriffe wie *Medienverbund, Medienkombination, Verbundsystem* oder *Kontextmodell* erfordert zunächst eine terminologische Klarstellung. Grundsätzlich sind zwei Formen von Medienkombinationen, die im Verbund angewendet werden, zu unterscheiden:

1. variable und weniger stark didaktisch determinierte Medienpakete oder Medienbatterien,
2. stärker in feste Aufgabenstellungen des Unterrichts einbezogene Mediensysteme.

Medienverbund ist „eine arbeitsteilige Kombination verschiedener personaler und nichtpersonaler Mittler in einem Lehr- bzw. Studienprozeß" (DOHMEN, s. S. 11).

Ordnungsgesichtspunkte für Medienpakete sind inhaltliche Fragestellungen. Die einzelnen Medien sind um das Thema gruppiert. Sie sind Bestandteil des Lernvorhabens und in die Planung einbezogen, ohne daß Ort und Zeit innerhalb des didaktischen Verlaufs starr festgelegt sind. Sie enthalten zusätzlich zu den Medien in der Regel Lernziele, Arbeitsvorschläge, mögliche Kombinationen, Hinweise für Motivation, Problemstellung, Erarbeitung, Ergebnissicherung und Translation sowie Testmaterialien oder zusätzliche Informationen. Als Beispiel aus der Geographie sei hier das Multi-Medien-Paket *Stadtsanierung* (Klett, Stuttgart Nr. 99 138) genannt.

Der Unterschied von Mediensystemen zu Medienpaketen liegt in der stärkeren Strukturierung und Zuordnung. Jeder Medieneinsatz an einem bestimmten didaktischen Ort ist vorgeplant nach Wertigkeit und Aufgabenstellung.

Ein Medienverbundsystem mit vorgegebener didaktischer und methodischer Planung wird auch als Kontextmodell bezeichnet. Es ist weitgehend lehrerunabhängig und vielfach an ein Leitmedium (z.B. Fernsehen) gebunden (vgl. Telekolleg). Die zukünftige Entwicklung geht auf offene Medienkombination. Im folgenden Unterrichtsbeispiel wurden die Medien des FWU zum Thema Stadtplanung in der Region für eine Medienkombination zusammengestellt. Für die Unterrichtsphasen Motivation, Problemstellung, Erarbeitung und

Translation werden jeweils Lernziele formuliert, das Medium genannt, Arbeitsaufträge vorgeschlagen und Aussagen zum Medieneinsatz gegeben.

2 Unterrichtsbeispiel: Stadtplanung in der Region Paris

Das vorliegende Unterrichtsmodell wurde für die Abschlußklassen der Sekundarstufe I entworfen. Die Materialien sind von unterschiedlicher Schwierigkeit und Zugänglichkeit und bieten je nach Konditionierung der Klasse die Möglichkeit der individuellen Zusammenstellung und Auswahl. Auch ein Einsatz in der Sekundarstufe II ist möglich.

Verlaufsstruktur

Stufe	Medien	Inhalt	Sozialform
Einstieg/ Motivation		städtebauliche Problematik in der Region Paris	Schüler-Lehrer-Gespräch
Problem-stellung	Filmausschnitt, *Paris Städteplanung in der Region* (32 2667, FWU) Dia, *Paris, Städtebau in der Region* (10 2381, FWU)	Wir untersuche die Folgen der starken Zuwanderung für die Bewohner der „Neuen Städte". a) Wie sehen Bewohner ihre Neue Stadt? b) Wie sind die Neuen Städte gegliedert und ausgestattet? c) Warum wurden Neue Städte gebaut? d) Welches sind die Ziele der Neuordnung der Region?	Schüler-Lehrer-Gespräch
Erarbeitung a) Text	Filmausschnitt	Auswertung eines Interviews	Gruppenarbeit
b) Info mit Plan und Statistiken	Dias	Auswertung einer Umfrage Struktur und Funktionen von Créteil	Gruppenarbeit
c) Arbeitsblatt/ Infoblatt d) Text	Dia	Bevölkerungsveränderungen in der Region 1968 – 1975 Konzepte zur Neuordnung der Region vgl. Hinweise im Text	Stillarbeit Schüler-Lehrer-Gespräch Stillarbeit
Ergebnis-sicherung Translation Unterrichtsgang/	Dias/ Arbeitstransparente	interdisziplinäres Arbeitsprojekt zum Thema „Wir untersuchen ein Großwohngebiet in unserer Umgebung"	

Die Unterrichtseinheit hat zum Ziel, Kategorien zur Analyse der Urbanisierungstendenzen zu entwickeln, Anspruch und Realität neuer städtebaulicher Projekte aufzuzeigen, einen Beitrag zur medienkritischen Erziehung des Schülers zu leisten sowie Vergleichsmöglichkeiten für Prozesse der Stadtentwicklung im engeren Heimatraum zu bieten.

Lernziel: Der Schüler soll am Beispiel der Region Paris erkennen, wie durch die Planifikation ein Wandel überkommener städtischer Strukturen und urbaner Lebensformen herbeigeführt wird.

2.1 Motivation

Lernziel: Der Schüler soll die städtebauliche Problematik der Region Paris beschreiben und als Folge der starken Zuwanderung erkennen.

Medium: Filmausschnitt *Paris, Stadtplanung in der Region* 2,5 Minuten-Ausschnitt zu Anfang.

Arbeitsaufträge, z.B.

– Kläre die Begriffe Innenstadt, Randgebiete, Zuwanderung, ambulanter Handel, Gebrauchsgüter, Schlafstädte, City!

– Stelle eine Liste von Einrichtungen zusammen, die in den Schlafstädten fehlen!

Zur Medienwahl: Der Filmausschnitt wurde für die Motivationsphase ausgewählt, da er der Denkorientierung und Sensibilisierung des Schülers im Hinblick auf das gewählte Thema dient und gleichzeitig Probleme anreißt, ohne Lösungen oder Ergebnisse vorwegzunehmen. Obwohl das gewählte Thema eine unmittelbare Betroffenheit des Schülers ausschließt, bietet die aufgezeigte sozialgeographische Konfliktsituation die Möglichkeit zur Identifikation und kann dadurch zusätzlich motivationsfördernd wirken.

Nach der Filmbetrachtung sollten die Schüler die Möglichkeit erhalten, sich zunächst spontan zu äußern und Fragen zu stellen. Anschließend ist ein strukturiertes Gespräch möglich, wobei wichtige Aussagen oder Ergebnisse festgehalten werden.

2.2 Problemstellung

Lernziel: Der Schüler soll einen Arbeitsplan erstellen, um die Folgen der starken Zuwanderung für die Bewohner einer „Neuen Stadt" zu untersuchen.

Medium: Aus der Reihe *Paris, Städtebau in der Region* (10 2381, FWU) Bild 3 Wohnungsbau der siebziger Jahre.

Abb. 1: „Maiskolbenhäuser" in Créteil

Schülertext: Die Stadt Créteil liegt 7 km süd-östlich von Paris innerhalb der Agglomeration. Als Hauptort des neuen Departements Val-de-Marne kam ihr die Aufgabe zu, Versorgungslücken in diesem Bereich der Banlieu zu schließen, d.h. ein leistungsfähiges Angebot an zentralen Gütern und Dienstleistungen zu erbringen und zusätzlich Wohnraum in diesem schnell wachsenden stadtnahen Teil der Region anzubieten. Dazu wurde auf einer Fläche von ca. 600 ha ein ehrgeiziges städtebauliches Projekt in Angriff genommen, mit 12.500 geplanten Wohnungen für etwa 40.000 Menschen. Der erste Bauabschnitt mit 6.800 Wohnungen ist fertiggestellt. Weiterhin ist in der Region Paris mit dem Bau von 5 Neuen Städten begonnen worden, die jeweils ca. 400.000 Einwohner aufnehmen sollen.

Zu dem Dia wurden folgende Arbeitsaufgaben gestellt:

1. Äußert Euch zu dem Bild!
2. Ermittelt im Atlas die Lage von Créteil und des Departements Val-de-Marne!
3. Welche Fragen und Probleme sollten geklärt werden?

Zur Medienwahl: Als Arbeitsmittel eingesetzt, wird das Dia schülerzentrierter Montageteil des Unterrichts und damit über die Illustration hinausgehend lerneffektiv. Als statisches Medium erlaubt es bei gleichzeitiger Präsentation ein Gespräch mit problematisierenden und handlungsbetonten Impulsen. Während der Filmausschnitt in der Motivationsphase mit Schwenks, Schnitten und Bewegung eine erste Einführung in das Problemfeld bietet, ermöglicht das Dia Detailarbeit und das Herauspräparieren präziser Fragestellung am präsenten Objekt. Die Arbeitsplanung kann als Lehrer-Schüler-Gespräch gestaltet werden. Möglich wäre auch die Bildung von Gruppen, die jeweils einen eigenen Plan vorlegen und zur Diskussion stellen, was jedoch weitgehend selbständig arbeitende Schülergruppen voraussetzt. Vorab sollten die Schüler auch bei der Diapräsentation Gelegenheit erhalten, sich zu äußern und ihren persönlichen Eindruck zu formulieren. Bei der Erprobung in der Schule wurden hinsichtlich der Bewertung der gezeigten Wohnformen spontane Zustimmung und strikte Ablehnung signalisiert. Insbesondere der Nutzungswert der tulpenförmig geschwungenen Balkone wurde kontrovers beurteilt. Ein solches Gespräch kann als Überleitung dienen zur Phase der Problemstellung und Zielfindung.

2.3 Erarbeitung

2.3.1 Wie sehen Bewohner „ihre" Neue Stadt?

Lernziel: Der Schüler soll Äußerungen der Betroffenen zur Lebens- und Wohnqualität einschätzen.

Medium: Es wurde der Filmausschnitt *Paris, Stadtplanung in der Region* ab 2 min 50 s bis 6 min (= 3,1 Minuten) vorgeführt, in dem Interviews mit Bewohnern zur Wohnbauqualität ihres Neubaugebietes gezeigt werden.

Im Anschluß daran wurden die Ergebnisse einer Meinungsumfrage in Evry (s. Begleitkarte zum Film) behandelt.

Die positiven Punkte
- Die fast einstimmige Zufriedenheit mit der Wohnung: 87% Zufriedenheit. Die Frauen im besonderen sind noch zufriedener. 91% von ihnen sind zufrieden mit der Art und Weise wie sie untergebracht sind.
- Sehr große Zufriedenheit auch mit der Umgebung. 2/3 der Bewohner von Evry sind zufrieden mit ihrer Stadt, was die Lärmbelästigung und Umweltverschmutzung anbetrifft.
- Mehrheitlich äußern sich die Einwohner von Evry zufrieden über die Nachbarschaftsbeziehungen. Die Frauen sind auch hier zufriedener als die Männer: 63% gegen 55%.
- Die Verkehrsverbindungen mit Paris werden als tragbar angesehen. Sie stellen die Mehrheit der Bevölkerung zufrieden: 54%. Jedoch beurteilen 41% sie als unzureichend. Hauptsächlich die Arbeiter sind geteilter Meinung über die Transportmöglichkeit: 49% sind zufrieden, 46% unzufrieden.

Die negativen Punkte
Nur eine Minderheit der Bewohner von Evry (46%) äußete sich positiv über:
- die Bedingungen, unter denen man einkauft und sich versorgt. Die Mehrheit (53%) äußert sich negativ;

– die Arbeitsplatzsituation. 56% sind der Meinung, daß in Evry Arbeitsplätze nicht in
ausreichendem Maße vorhanden sind. Nur 17% sind zufrieden. Die Männer, die jungen Leute, die Arbeiter zeigten sich in besonderer Weise unzufrieden;
– die Situation im Freizeitbereich. Das Freizeitangebot ist schlichtweg unzureichend
und schlecht. 72% sind nicht zufrieden. Insbesondere die Jugend ist unzufrieden
(78%);
– die architektonische Qualität der Häuser. Sie wird vielfach in Frage gestellt. 63% ne-
gative Urteile, 34% positive Urteile. (France-Soir, 20. März 1975)

Mögliches Tafelbild:

Stadt	+	–
Créteil:	gefällt sehr gut genügend Grünflächen Spielmöglichkeiten für Kinder es ist angenehm hier es gefällt mir ich finde es originell ich wohne sehr gut ich habe eine schöne, neue Wohnung wir haben eine geräumige Wohnung	Beton-Welt Lebenshaltungskosten sind sehr hoch
Paris:	Das lärmende Leben von Paris ist mir viel sympatischer	In Paris lebt man räumlich eingeschränkt.

Zum Medieneinsatz:

Im vorliegenden Vorschlag ist ein Filmeinsatz in der Erarbeitungsphase vorgesehen, wobei in besonderer Weise darauf zu achten ist, daß am Ende des Aus-
wertungsgesprächs ein Ergebnis in sichtbarer Form vorliegt. Ein Tafelbild
kann im Verlauf des Schüler-Lehrer-Gesprächs entwickelt werden; vorbereitete Arbeitsbögen mit einem Leerraster liefern die Grundlage für die Ergebnis-
findung in der Gruppenarbeit. Der Film gilt als Stellvertreter der Wirklichkeit,
daher ist ein wichtiges Anliegen, die im Film vorgestellte „Wirklichkeit" zu
analysieren und zu bewerten. Es ist zu beachten, daß jede filmische Umsetzung
bestenfalls einen Ausschnitt der Realität bietet.

Der Informationsgehalt des vorliegenden Filmausschnitts beschränkt sich
nicht auf den Gesprächsinhalt der Interviews, der als Übersetzung vorliegt und
teilweise gegenüber dem Original verkürzt wurde. Einzubeziehen in die Auswertung sind darüber hinaus situative Aspekte des Wohnumfeldes, Verhalten
und Auftreten der Interviewpartner u.a.m. In den Interviews überwiegen die
positiven Darstellungen. Daraus können unterschiedliche Schlüsse gezogen
werden. In jedem Fall fehlen Aussagen über die Versorgungssituation, das Ar-
beitsplatzangebot u.a. Im Sinne einer medienkritischen Erziehung der Schüler
wurden die Aussagen des Films ergänzt durch Materialien einer Meinungsumfrage eines anderen Wohnstandortes. Bei Vergleichen ist auf die Übertragbarkeit zu achten.

Abb. 2: Ladenzentrum in Créteil

Abb. 3: Verwaltungsgebäude in Créteil

2.3.2 Wie sind die Neuen Städte gegliedert und ausgestattet?

Lernziel: Der Schüler soll an einem Beispiel Struktur und Funktion der Neuen Städte erfassen.
Medien: Aus der Diareihe *Paris, Städtebau in der Region*, Bild 9 (Abbildung 2) und Bild 10 (Abbildung 3) und ein Infoblatt mit Plan und Statistiken.

Mögliche Arbeitsaufgaben:
1. Äußert Euch zu den Bildern!
2. Ermittelt auf dem Plan die Standorte von Einkaufszentrum, Verwaltungsgebäude und markiert sie mit farbigen Stiften!
3. Ermittelt die Anzahl der Behörden, Schulen, Theater, Einkaufsmöglichkeiten, Kirchen, usw.!
4. Äußert Euch zu der Lage der verschiedenen Einrichtungen und formuliert die Ergebnisse in kurzen Sätzen!
5. Beurteilt die Ausstattung von Créteil und stellt fest, ob wichtige Einrichtungen zur Versorgung der Bevölkerung fehlen. Berücksichtigt auch die Daten auf dem Informationsblatt!
6. Beurteilt Lage und Zuordnung der verschiedenen Funktionsstandorte!
7. Ermittelt die Lage von Créteil innerhalb der Region Paris. Durch welche öffentlichen Verkehrsmittel ist Créteil mit Paris verbunden? Versucht die Fahrzeiten abzuschätzen!
8. In Créteil wohnen fast 60 000 Menschen. Ermittelt die Zahl der Arbeitsplätze und überlegt, wieviel Menschen täglich nach Paris zur Arbeit fahren müssen!
9. In Créteil arbeiten auch Menschen, die nicht dort wohnen. Überlege!

Zum Medieneinsatz:
Die Kombination von Dia und Informationsblatt mit Plan und statistischen Daten wurde gewählt zur Erarbeitung von Struktur und Funktion von Créteil. Hierbei hat sich als motivierend erwiesen, zunächst die Bilder zu projizieren und im offenen Gespräch den Schülern Gelegenheit zur Beschreibung und Kommentierung zu geben. Abbildung 3, das Verwaltungsgebäude, wurde zunächst als Hotel am See eingeschätzt. Nach einer Klarstellung wurde der Standort hinsichtlich Arbeitsplatzqualität als positiv herausgestellt. Das Ladenzentrum unterscheidet sich nicht von ähnlichen Einrichtungen in der Bundesrepublik und wurde als Ausweitung des Angebots im Rahmen von Spezialgeschäften akzeptiert.
Die Karte der Funktionsgliederung von Créteil (*Paris, Städtebau in der Region*, Bild 14) ist in verschiedenen Präsentationsformen einsetzbar. Der Einsatz als Dia hat sich als problematisch erwiesen, da Symbole und Legende nicht für alle Schüler gut lesbar sind. Punkte, Dreiecke und Rechtecke sind schwer auseinander zu halten. Eine Präsentation als Arbeitstransparent wäre sicherlich mediengerechter, mit größerer Projektionsfläche, hellerem Bild und größer darstellbaren Symbolen und Schriftzeichen. Da der Raum nicht ganz abgedun-

121

kelt werden muß, ist die Gesprächsführung einfacher. Sicherlich ist es dem Lehrer aber nicht zumutbar, für seinen Unterricht eine Vielzahl von Apparaten aufzubauen, so daß unter diesem Gesichtspunkt die Einbindung von Karten in eine Diareihe durchaus sinnvoll ist. In dem vorliegenden Beispiel wurde die Karte in ein Informationsblatt einbezogen, wodurch der Schüler Gelegenheit erhält, selbständig Eintragungen und Markierungen vorzunehmen. Auch die Erfassung komplizierter Strukturen und deren Bewertung in Partner- und Gruppenarbeit ist leichter durchführbar.

Eine Verlaufsalternative bietet der Einsatz des Infos zu Beginn, und die anschließende Bildbetrachtung mit Beschreibung, Einordnung und Bewertung der Motive.

2.3.3 Warum wurden Neue Städte gebaut?

Lernziel: Der Schüler soll das Bevölkerungswachstum in der Region Paris als Folge der Mobilität erkennen.
Medien: Arbeitsblatt, Informationsblatt (siehe Abb. 4).

Nach dem Einsatz eines Informationsblattes zur Bevölkerungsstatistik sind z.B. folgende Arbeitsaufgaben möglich:
– Berichte über die Bevölkerungsentwicklung in der Region Paris und im übrigen Frankreich!
– Vergleiche das jährliche durchschnittliche Wachstum nach Zeiträumen und formuliere die Ergebnisse in kurzen Sätzen!

Zur Medienwahl:
Zur Erfassung der unterschiedlichen Bevölkerungsentwicklung in der Region Paris wird die Verwendung eines Arbeitsblattes vorgeschlagen, wobei der Schüler selbständig statistische Daten kartographisch umsetzt. Die Erprobung hat gezeigt, daß diese Aufgabe gern gelöst wird und die Ergebnisse klar herausgearbeitet werden.

122

Region Paris, Verwaltungsgliederung

Tabelle:

Bevölkerung der Region Paris, 1968 und 1975 nach Departements und Veränderungen in v.H.

Departement	1968	1975	Veränderungen
Seine-et-Marne	604 340	755 760	+ 25 %
Yvelines	854 380	1 082 255	+ 27 %
Essonne	673 325	923 060	+ 37 %
Hauts-de-Seine	1 461 620	1 438 930	− 2 %
Seine-Saint-Denis	1 249 610	1 322 130	+ 6 %
Val-de-Marne	1 121 320	1 215 670	+ 8 %
Val-d'Oise	693 270	840 885	+ 21 %
Stadt Paris	2 590 700	2 317 320	− 11 %
Gesamtregion	9 241 565	9 885 910	+ 7 %

(Informationen der französischen Botschaft, 1976)

Markiere mit farbigen Stiften auf der Karte

a) Gebiete mit starkem Wachstum (mit mehr als 20 % Wachstum) rot,

b) Gebiete mit leichter Zu- oder Abnahme (−2 % bis +1 %) grün,

c) Gebiete mit starker Abnahme (unter −10 %) schwarz!

Abb. 4: Arbeitsblatt

2.3.4 Zusammenschau

Lernziel: Der Schüler soll die Ziele zur Neuordnung der Region Paris erfassen und beurteilen.

Medien: Text der Begleitkarte, Dia (Bild 15, Achsenmodell zur Entwicklung der Region Paris, aus der Reihe [*Paris, Städtebau in der Region*])

Arbeitsaufgaben z.B.:

Formuliere mit eigenen Worten die Ziele zur Neuordnung der Region Paris!

Trage in ein vorbereitetes Arbeitsblatt die fünf Neuen Städte ein!

Berichte über die Bevölkerungsentwicklung in den Neuen Städten!

Mögliche Arbeitsskizze

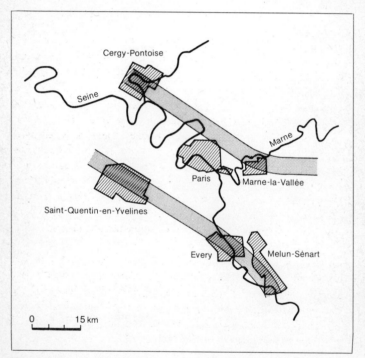

Neue Städte in der Region Paris

Merksatz:
In der Region Paris sind 5 neue Städte entstanden. Sie liegen im „äußeren Ring" der Region.

Abb. 5: Arbeitsskizze

124

Zur Medienwahl:

Mit Hilfe von Dia und Text soll der Schüler den Leitplan zur Neuordnung der Region Paris erfassen und beurteilen. In der Erprobung wurde zunächst das Dia ohne Lehrerhinweise projiziert und dazu der Text ausgegeben. Die Aufgabe lautete, den Text zu lesen und Zusammenhänge zum Bild herzustellen. Nach Phasen der Still- und Partnerarbeit hat ein Schüler anhand des Dias Erläuterungen gegeben. Der Plan wurde auf die Tafel projiziert, nachgezeichnet und nochmals erklärt. Anschließend übertrugen die Schüler den Plan als Faustskizze in ein vorbereitetes Arbeitsblatt (s. S. 123).

Eine Alternative wäre die Vorführung des letzten Abschnittes von *Paris, Stadtplanung in der Region* als Zusammenfassung: Im Zeichentrick wird ein Achsenmodell zur Entwicklung der Region (2 Minuten 40 Sekunden) vorgestellt.

2.3.5 Translation

Ein interdisziplinäres Arbeitsprojekt: „Wir untersuchen eine Großwohnsiedlung in unserer Umgebung" mit Stadtexkursion, Besuch beim Planungsamt, schülereigenen Interviews, Kartierungen kann sinnvoll angeschlossen werden. Dem Lehrer bietet sich die Möglichkeit, selbst hergestellte Medien zu verwenden, bzw. Material von Ämtern, aus Zeitungen usw. in den Unterricht einzubringen. Neben der Selbstherstellung ist die Beschaffung von Medien aus dem Bereich des Heimatraumes ein wichtiges Anliegen für den Lehrer. Die Planungsämter verfügen in der Regel über eine gut sortierte Diasammlung, vielfach auch Luftbilder, die ohne weiteres selbst nicht herstellbar sind. Verkehrsgutachten, Stadtentwicklungskonzepte, Planungsvorschläge, Flächennutzungsplan usw. enthalten eine Fülle von Daten und Karten, die auf Folie übertragen mit dem Arbeitsprojektor im Unterricht als Materialien einsetzbar sind. Im Rahmen eines Projektes können die Schüler an der Herstellung von Medien beteiligt werden. Selbsthergestellte Dias zu vorher abgesprochenen Themen, Interviews mit dem Kassettenrekorder in verschiedenen Stadtvierteln zu Wohnzufriedenheit, Ausstattung, Freizeitangebot, Wegen zum Arbeitsplatz usw., bei unterschiedlichen Altersgruppen, zu verschiedenen Tageszeiten nach Akzentuierung des Problemrahmens werden von den Schülern in den Unterricht eingebracht und ausgewertet.

Unterrichtsphasen	Wandtafel	Schülerheft	Arbeitsblatt	Informationsblatt	Tonfilm	Dia
Motivation						
Problemsituationen in der Region Paris					+ ++	
Problemstellung						
Wohnviertel in Créteil						+ ++
Lage und Funktion von Créteil				++ ++		
Verlaufsplanung	++ ++					
Erarbeitung						
I Interviews von Créteil					+ ++	
Meinungsumfrage				++ ++		
Ergebnissicherung	++ ++					
II Créteil, Infrastruktur						+ ++
Créteil, Funktionsgliederung				++ ++		
Ergebnissicherung	++ ++					
III Region Paris Bevölkerungsentwicklung			++ ++			
Paris – Frankreich				++ ++		
Ergebnissicherung		++ ++				
IV Planungskonzept				++ ++		
Achsenmodell						+ ++
Ergebnissicherung			++ ++			

Originalität → [ ] [ ] ← Adressatenbezogenheit

Aktualität → [ ] [ ] ← Wirtschaftlichkeit

Mediengitter

(nach *Protzner*, verändert vom Verfasser)

3 Alternative Einsatzmöglichkeiten und Aussagen zur Theorie der Medienkombination

3.1 Mediengitter als Zuordnungsschema und Grundlage für alternative Verwendungsmöglichkeiten

Die im Unterrichtsbeispiel zum Einsatz vorgeschlagenen Medien sind in einer Matrix zusammengestellt, wobei einerseits der didaktische Ort und andererseits die Kriterien Originalität, Aktualität, Adressatenbezogenheit und Wirtschaftlichkeit eingehen. Hierbei ist die Entscheidung, ob ein Kriterium erfüllt ist, nicht immer objektivierbar; der persönliche Ermessensspielraum des Lehrers ist auszuschöpfen. Auch die Entscheidung, ob ein Medium aufgrund der Kriterienlage eingesetzt werden soll oder nicht, ergibt sich nicht zwingend. Das Strukturgitter ist jedoch eine Hilfe zur Entscheidungsfindung bei der Kombination verschiedener Medien, wenn zunächst die vorhandenen Materialien aufgelistet und dann gewichtet werden.

Bei der Verwendung der Kriterien als Entscheidungsgrundlage ist darauf hinzuweisen, daß die Paare Originalität/Aktualität eine große Zahl von Medien erlauben, um eine Verfälschung und Überalterung in der Präsentation zu verhindern. Dagegen fordert das Paar Adressatenbezogenheit/Wirtschaftlichkeit den Einsatz weniger Medien, wobei die Rezeptionsfähigkeit des Schülers gewährleistet und die Kosten niedrig gehalten werden.

Der Lehrer hat die unterschiedlichen Ansprüche der Kriterien auf die Klassensituation bezogen zu gewichten und zum Ausgleich zu bringen. Hierbei ist einer Medieneuphorie zu begegnen, aber auch an die Schüler die Forderung zu stellen, mit Medien umzugehen.

3.2 Systematik des Medienverbundes

In der Einleitung wurden zwei Formen von Mediensystemen unterschieden. Im folgenden wird eine Übersicht gegeben.

Technische Geräte wie Wandtafel, Arbeitsprojektor und Tonbandgerät sind als Unterrichtsmittel inhaltsleer, d.h. die Software muß zusätzlich eingegeben werden. So betrachtet sind Medien inhaltsneutrale Hilfsmittel, wobei die Entscheidung über Inhalt, Planung und Präsentation beim Lehrer liegt.

Das inhaltlich bestimmte Einzelmedium (z.B. eine bestimmte Schulfunksendung, Diareihe, usw.) gewährt dem Lehrer einen breiten Entscheidungsspielraum hinsichtlich Auswahl, Einsatzzeitpunkt und Auswertung.

Einen ähnlichen Freiraum hat der Lehrer bei der Kombination verschiedener Einzelmedien zu einem Themenkomplex.

Die Verwendung eines Medienpakets oder einer Medienbatterie bedeutet eine stärkere Einschränkung. Der Lehrer hat zwar die Möglichkeit der Auswahl bestimmter Inhalte und kann die Reihenfolge ändern, insgesamt ist er jedoch didaktisch und methodisch auf das Medienangebot angewiesen. Dafür liefern die vorhandenen Pakete in der Regel nach Inhalt und Medienangebot ein Vielfaches von dem, was der Lehrer bei vertretbarem Zeitaufwand selbst zusammenstellen könnte.

3.3 Wirkweisen von Mediensystemen

RUPRECHT hat die Wirkweisen von Mediensystemen im Vergleich zu anderen Medien untersucht. „Ziel der Untersuchung war festzustellen, ob die Arbeit mit dem Film, mit dem Tonband, mit dem Quellentext oder mit einer Kombination zwischen Film plus Quellentext sowie Tonband plus Quellentext die höhere Wirksamkeit ergibt." (1970, S. 49) Bei Konstanthaltung von Information und Zeit wurden Medienorganisation und Zeitanteil der Medienpräsentation variiert. Die verschiedenen Versuchsgruppen erzielten im Endtest folgende Ergebnisse (konventioneller Unterricht = 100%)

Konventioneller Unterricht, ergänzt durch Tonband	= 112,7%
Konventioneller Unterricht, ergänzt durch Textvorlage	= 112,8%
Konventioneller Unterricht, ergänzt durch Film	= 121,3%
Konventioneller Unterricht, ergänzt durch Tonband und Text	= 138,9%
Konventioneller Unterricht, ergänzt durch Film und Text	= 146,1%
Konventioneller Unterricht, ergänzt durch audio-visuelles Kontextmodell	= 149,0%

Im Ergebnis fällt auf, daß das Kontextmodell als hochstrukturiertes System zwar die besten Werte liefert, aber nicht wesentlich besser abschneidet, als die offener strukturierten Kombinationsmodelle. Die Untersuchung ist sicherlich nicht repräsentativ für die Wirkweisen von Mediensystemen allgemein, es läßt sich jedoch vermuten, daß der Einsatz von Medienkombinationen bei vertretbarem Aufwand ein verhältnismäßig hohes Leistungsniveau erwarten läßt.

4 Literatur

BÖNSCH, M.: Unterricht mit audiovisuellen Medien. Donauwörth 1973.
DOHMEN, G.: Fernstudium im Medienverbund. Weinheim/Berlin/Basel 1970.
DOHMEN, G.: Lernen im Medienverbund. In: Schulmanagement. Braunschweig 3/1971.

FRÖHLICH, A.: Die auditiven, visuellen und audiovisuellen Unterrichtsmittel. Basel 1974.

KRAUSS, H. u.a.: Aktuelle Fragen der Mediendidaktik. Donauwörth 1977.

OLZOG, G.: „Medienverbund" gestern und heute. In: Aula. Coburg 1/1971, S. 30 ff.

ORTNER, R.: Medienverbund – seine Bedeutung für den Sachunterricht. In: Die Scholle. Ansbach 8/1975, S. 459.

PROTZNER, W.: Zur Medientheorie des Unterrichts. Bad Heilbrunn 1977.

RUPRECHT, H.: Lehren und Lernen mit Filmen. Bad Heilbrunn 1970.

RUPRECHT, H.: Informationsaufnahme und Informationsspeicherung audiovisuell dargebotener politischer Inhalte bei methodenvariantem Vorgehen. In: Audiovisuelle Mittel im Unterricht. Stuttgart 1968.

WACHSMANN, Th.: Medienverbundsysteme, wie sehen sie aus, was kosten sie? In: Schulmanagement. Braunschweig 2/1973, S. 51 ff.

Die Autoren

BRUCKER, AMBROS, geb. 1936
Studiendirektor für Didaktik der Geographie am Staatsinstitut in München für die Ausbildung der Lehrer an Realschulen seit 1970. Unterrichtstätigkeit 1961 – 1970. Mitherausgeber der Zeitschrift „Geographie im Unterricht"; Mitarbeiter des Unterrichtswerkes „Welt und Umwelt", Ausgabe B.
Planegger Str. 22, 8000 München 60

GEIGER, MICHAEL, geb. 1941
Dr., Akademischer Direktor am Seminar Geographie der Erziehungswissenschaftlichen Hochschule Rheinland-Pfalz, Abteilung Landau. 1967 bis 1972 Lehrer am Gymnasium.
Erziehungswissenschaftliche Hochschule Rheinland-Pfalz
Abteilung Landau
Im Fort 7, 6740 Landau

HAUBRICH, HARTWIG, geb. 1932
Professor Dr. rer. nat. für Geographie und ihre Didaktik an der Pädagogischen Hochschule Freiburg. Vorsitzender des Hochschulverbandes für Geographie und ihre Didaktik. Herausgeber der „Westermann Planspiele" und der „Aktuellen Unterrichtsmaterialien für Geographie, Geschichte und Gemeinschaftskunde" bei Westermann, Braunschweig. Arbeitsschwerpunkte: Unterrichtsforschung (Interaktionsprozeßanalyse), Medienproduktion (Planspiele, Unterrichtprogramme, Schülerbücher, Schulfernsehen, Aufbautransparente, 8-mm-Filme).
Pädagogische Hochschule Freiburg
7800 Freiburg/Brsg.

KETZER, GÜNTHER, geb. 1924
Dr. rer. nat., Referent für Geographie am Institut für Film und Bild seit 1960. Unterrichtstätigkeit an Realschule und Gymnasium von 1956 bis 1959. Zuständig für die Produktion von Filmen, Bildreihen und Tonmedien für den Fachbereich Geographie an allgemeinbildenden Schulen. Spezialgebiet: Mediendidaktik.
Institut für Film und Bild
Bavaria-Film-Platz 3, 8022 Grünwald

MEESE, HERRAD, geb. 1946
M. A., Wissenschaftliche Mitarbeiterin am Institut für Film und Bild, Mitherausgeberin einiger Bände dieser Schriftenreihe. Unterricht an Real- und Fachoberschulen. 1974 bis 1977 Projektleiterin Hauptschule von „Sprich mit uns!" Deutsch für Kinder und Jugendliche anderer Muttersprache.
Institut für Film und Bild
Bavaria-Film-Platz 3, 8022 Grünwald

NEBEL, JÜRGEN, geb. 1941
Dr., Dozent für Geographie und ihre Didaktik an der Pädagogischen Hochschule Lörrach seit 1975. Von 1969 bis 1973 im Schuldienst, Arbeitsschwerpunkte: Mediendidaktik, Unterrichtsanalyse, Sozialgeografie.
Pädagogische Hochschule Lörrach
Hangstr. 48 – 50, 7850 Lörrach

NOLZEN, HEINZ, geb. 1940
Professor, Dr. rer. nat. an der Pädagogischen Hochschule Freiburg. 1967 bis 1972 wissenschaftlicher Assistent am Geographischen Institut I der Universität Freiburg/Br. Arbeitsgebiete: Hydrologie, Geomorphologie, Landeskunde, Spiralcurriculum Wasser, Computereinsatz in Geografiestudium und Erdkundeunterricht, geographische Planspiele zum Themenbereich Umweltsicherung.
1970 Gödecke-Forschungspreis der geowissenschaftlichen Fakultät der Universität Freiburg.
Pädagogische Hochschule Freiburg
7800 Freiburg/Brsg.

WENDEL, KARL-HEINZ, geb. 1947
Wissenschaftlicher Assistent am Lehrstuhl Didaktik der Geographie des Fachbereichs Erziehungs- und Kulturwissenschaften an der Universität Erlangen-Nürnberg seit 1974. Unterrichtstätigkeit als Lehrer an Grund- und Hauptschulen von 1971 bis 1974.
Universität Erlangen-Nürnberg
Fachbereich Erziehungs- und Kulturwissenschaften
Regensburger Str. 160, 8500 Nürnberg

Schriftenreihe AV-Pädagogik

Materialien für die Lehrerausbildung, Lehrerfortbildung und Weiterbildung

Herausgegeben vom Institut für Film und Bild in Wissenschaft und Unterricht im Ernst Klett Verlag.
In drei Reihen soll der Gesamtkomplex »Audiovisuelle Medien im Unterricht« behandelt werden

Reihe A – Grundfragen, Konzepte   (blaue Reihe)
Reihe B – Technik   (grüne Reihe)
Reihe C – Fachdidaktik   (rote Reihe)

Reihe C – Fachdidaktik

Die Bände dieser Reihe beschäftigen sich mit Problemen der Didaktik einzelner Fächer im Hinblick auf die Verwendung von AV-Medien im speziellen Fachunterricht. Dabei wird auf konkrete Unterrichtssituationen Wert gelegt.

Audiovisuelle Medien im Geschichtsunterricht

Herausgegeben von Heidrun Baumann und Herrad Meese

Mit Beiträgen von
Heidrun Baumann, Hubert Glaser, Wolfgang Hug, Harald Neifeind, Michael Prätorius, Hagen Schneider, Karsten Weber und Harald Witthöft
107 S., kart., 14,– DM, Klettbuch 92049

Zwei Beiträge dieses Bandes beschäftigen sich mit Problemen der Fachdidaktik, aus der sich Funktion und Einsatzort von Medien ableiten, und mit der Anwendung fachwissenschaftlicher Kategorien von historischer Quelle und Darstellung auf den Film.
Die anderen Aufsätze zeigen konkrete Unterrichtsbeispiele zum Einsatz
– der Medienkombination »Die Stadt im Mittelalter«
– der Tonbildreihe »Die Chronik des Poma de Ayala«
– von Dias zum »Bismarck-Kult des deutschen Bürgertums im Zweiten Reich«
– des Tonbandes: »Die deutsche Revolution 1918/19«
– von Arbeitstransparenten: »Die Bronzezeit«
– als »Geschichte im Schulfunk – Produktionen und Probleme«

Audiovisuelle Medien in der Politischen Bildung

Herausgegeben von Joachim Paschen und Herrad Meese

Mit Beiträgen von
Hans-Joachim Beecken, Gerhard Gömmel, Michael Metto, Joachim Paschen und Brigitte Reich
78 S., kart., 13,– DM, Klettbuch 920321

In diesem Band wird anhand der Themenbereiche ›Wahlen‹, ›Regionalismus in der Europäischen Gemeinschaft‹ und ›Beziehungen der Dritten Welt zu den Industrieländern‹ gezeigt, welche Rolle Medien in der unterrichtlichen Kommunikation spielen. Außerdem sollen die eigenen Medienerfahrungen bewußt gemacht werden.